中国经济
文库
应用经济学精品系列

中国经济文库·应用经济学精品系列（二）



倪晓宁◎著

# 国际贸易与城市竞争发展

# International Trade and Competition Development of Cities

中国经济出版社
CHINA ECONOMIC PUBLISHING HOUSE
北京

**图书在版编目（CIP）数据**

国际贸易与城市竞争发展/倪晓宁著.
—北京：中国经济出版社，2019.8
ISBN 978-7-5136-5663-4

Ⅰ.①国… Ⅱ.①倪… Ⅲ.①国际贸易—关系—城市经济—经济发展—研究
Ⅳ.①F74②F291

**中国版本图书馆 CIP 数据核字（2019）第 077335 号**

责任编辑　王　建
责任印制　巢新强
封面设计　华子设计

**出版发行**　中国经济出版社
**印 刷 者**　北京九州迅驰传媒文化有限公司
**经 销 者**　各地新华书店
**开　　本**　710mm×1000mm　1/16
**印　　张**　11
**字　　数**　120 千字
**版　　次**　2019 年 8 月第 1 版
**印　　次**　2019 年 8 月第 1 次
**定　　价**　56.00 元
**广告经营许可证**　京西工商广字第 8179 号

**中国经济出版社** **网址** www.economyph.com **社址** 北京市西城区百万庄北街 3 号 **邮编** 100037

# 前 言

世界经济未来发展的希望何在？美国智库布鲁金斯学会认为，美国经济的发展将主要依靠 20 个大都市的表现。联合国亚太经济和社会理事会及联合国人居署共同发布的报告认为，亚洲未来的持续发展在于城市化。麦肯锡公司认为，全球经济发展实际上依靠将近 600 个城市的表现。简而言之，众多经济学家认为城市兴则世界兴。

然而，城市并非从一开始就是主宰人类生活方式和经济方式的载体，这一点对早期的游牧民族来说尤其如此。城市化进程在第二次世界大战后才在全球范围内开始加速，城市规模开始扩展，大城市、特大城市和新城市不断涌现，城市人口在总人口中的比重不断提升。

如今，经济全球化以及移动互联网给人类生活方式带来了深刻变化，城市对人类生活方式所起的作用也正在发生某种改变，或许在未来不远，以城市为依托的生活方式将成为一种历史。

本书从历史角度对城市演变发展及商业贸易在其中的作用进行了思考，对城市在不同历史阶段中的经济地位和作用、城市竞争核心要素的变化，以及贯穿其发展过程中的国际贸易的作用进行了总结。对影响城市发展的要素而言，不同的学者从不同的角度做了回答，笔者认为主视角应该从人类文明发展的历史去看。

从人类文明发展的历史来看，城市之间的竞争最初以地理位置优势来衡量，之后这种优势随着新技术的出现而逐渐消失，被包含基础设施和公共服务在内的被称为“硬实力”的东西取而代之，成为城市新的竞争优势。再后来，城市间的硬实力随着互联网的普及和深入运用而逐渐扁平化，“软实力”成为城市角逐的重要力量。因此，从宏观上看，对城市发展影响最大的因素是不同时期出现的新科技，而贸易则在微观上夯实了城市存在的必要性。

# 目　录


**第一章　城市是什么?** …… 1

1.1　城市的起源 …… 2

1.2　城市存续的理由 …… 5

1.3　城市的特征和划分标准 …… 10

本章参考文献 …… 13

**第二章　商业、城市发展和人类社会** …… 15

2.1　前工业社会 …… 16

2.2　工业社会 …… 18

2.3　后工业社会 …… 21

本章参考文献 …… 34

**第三章　对城市生命周期的一般认识** …… 37

3.1　什么是城市的生命周期? …… 37

3.2　对城市生命周期的理论解释 …… 40

3.3　历史:美索不达米亚文明及其城市 …… 52

3.4　城市变迁和贸易 …… 57

本章参考文献 …… 62

第四章　市场变化和城市发展 …… 66
4.1　地理区位决定的时代 …… 66
4.2　要素资源决定的时代 …… 69
4.3　主导产业决定的时代 …… 71
4.4　科技变革和城市生命力 …… 72
本章参考文献 …… 77

第五章　区域差异和城市发展 …… 79
5.1　工业化差异和城市发展 …… 80
5.2　文化差异和城市发展 …… 83
5.3　运输线差异与城市发展 …… 86
5.4　“一带一路”和城市发展 …… 94
本章参考文献 …… 104

第六章　后工业时代城市发展实力竞争 …… 108
6.1　信息时代的全球城市 …… 109
6.2　城市的软、硬实力竞争 …… 111
6.3　知识产权保护与产品垄断力 …… 115
6.4　知识产权与城市贸易竞争 …… 122
本章参考文献 …… 129

第七章　信息时代城市观察：北京 …… 132
7.1　城市科技软实力观察 …… 132
7.2　城市贸易竞争观察 …… 137

7.3 主导产业发展观察 …… 150
本章参考文献 …… 160

结束语 …… 163

后 记 …… 165

# 第一章　城市是什么？

给城市下一个精确的学术定义并不容易。在人类的城市化进程中，是人类生活区域的聚集形成了城市，还是人类商业活动的聚集构成了城市？伴随着人类的发展，城市随着商业周期的变化有其自身的生命周期吗？

在人类发展历史上，从村落到城市再到大都市的过程，虽然涵盖了人类文明发展的历程；但从人类文明的整个发展历史上看，一直到工业革命才真正开始经历城市的大规模出现，以及人类城市文明的真正普及。纵观人类漫长的进化史，是人类生活区域的聚集形成了早期城市，是人类商业活动的聚集发展出了现代城市，是现代通信和交通技术造就的全球化市场进一步提高了经济活动的专业化程度，并催生出了汇集巨大人力资源和物质资源的国际大都市。

关于城市现象的最新进展是“全域城市”现象①。新的城市化地理学认为，传统上对城市基于高密度人口集聚和建成环境的认识正在重塑，与过去不同的大规模空间形态将最终突破城乡分立格局，使得以城市生活作为生活标准的方式不再局限于历史中心城市，而是向外扩散；进而在原本是郊区边缘、绿地或乡村的地区中，创造出新的城市外围或边缘城市。在一些地区，这种生活方式甚至可以

① 尼尔·博任纳. 城市化的观点［J］. 国际城市规划，2016（1）：8-18.

扩散到更大的区域，并推动巨型城市“星系”的形成。

## 1.1 城市的起源

翻开《辞海》，对“城”的第一条解释是：“旧时在都邑四周用作防御的墙垣。一般有两重，里面的称城，外面的称郭。”对于“市”的第一条解释是：“集中做买卖的场所。”从这个角度来说，人类商业活动的聚集构成了城市形成的主要因素。城市的兴起使得人类社会的许多功能由自发、分散和无组织状态，逐渐集中在受限制的地理区域内，于是宗教、村落、集市和防卫功能就在这个被城墙围住的区域内开始蓬勃发展。这种早期的城市与现代城市相比，显然只是萌芽和一个简单的综合体；但是，这种原始状态的城市，在人类生产力水平较低的时期，依然有效地集中了人力和物力，增强了早期人类社会的交往，促进了生产力的提高。考古结果表明，即便是处于萌芽时期的城市，也具有不同于农村的公共场所和公共设施，有专事手工业和商业的居民，以及专事宗教文化的群体。

人类社会最早的城市，学术界一般认为蕴含在城邦形式之中。据记载，最早的城市在公元前 4000 年—公元前 2000 年兴起于美索不达米亚平原的苏美尔地区，这些最古老城市的存在证据也早就被考古发现。苏美尔人约在公元前 5000 年—公元前 4000 年定居于幼发拉底河和底格里斯河下游，是最先进入美索不达米亚平原的古代民族。苏美尔人的起源不详，根据考古资料推测，他们可能从中亚、西亚高原迁徙而来，外貌特点是圆颅直鼻，不留须发。苏美尔人创造了著名的楔形文字，这些文字用平头芦苇秆被刻印在泥板上。他们采用十二进位制，以 60 为最常用单位，还发明了滴漏和阴历。苏美尔人最突出的成就是他们的法律体系，并在公元前3000年中叶以后汇集成一部全面的法典——乌尔纳姆法典。这部法典尽管只有个别片段以其原样流传至今，但据考证，著名的汉穆拉比法典大体上就是苏美尔法典的修订本。对苏美尔人展开的研究显示，他们是世界历史上最早建立城市的民族，在其发展历史中的大部分时间里，都生活在城邦的松散联盟里。公元前3000年—公元前2500年，苏美尔地区开始形成国家，出现了很多城市国家，重要的有埃利都、拉伽什、乌玛、苏路帕克、尼普尔、西巴尔和启什。苏美尔人的早期城市国家由几个地区围绕一个中心城市联合而成。因此，苏美尔文明实际是城市、城邦文明。

中国的城市起源，根据考古，是在农村居民点“邑”的基础上发展起来的，被称为都城。“城”指在一定地域上用作防卫而围起来的墙垣，是当时的军事设施和统治中心；“市”则是指进行交易的场所，是商品流通的中心。城和市的发展，使两者走向融合，产生了完整意义上的城市，并逐步成为一个国家或地区的政治、经济、文化中心。不断更新的考古资料表明，中国的城市应当出现在夏朝（公元前2070年—公元前1600年）之前。迄今为止，中国发现的最早的古城遗址包括属于龙山文化时期的山东城子崖古城、边线王古城、河南平粮台古城和王城岗古城等，都是中国原始社会后期的古城遗址，可称为“原始城市”，距今4000~4500年。

河南二里头夏代古城址被学术界认为是中国早期城市的代表。该遗址于1959年夏在进行“殷墟”调查时被发现，位于河南省偃师市二里头村，也被学术界公认为中国迄今为止发现的最早的王都遗址，即华夏第一个王朝——夏王朝的国都。二里头遗址包含的文化遗存上至距今5000年左右的仰韶文化和龙山文化，下至东周、东汉时期；而遗址的兴盛时期是公元前2036年—公元前1600年的夏文化，考古学将其主要阶段称为“二里头文化”。经过40多年的持续发掘，在二里头发现的主要遗址有：（1）大型宫殿遗址，这是已知中国最古老的宫殿，建筑布局严谨，主次分明，开创了中国历代帝王宫殿建筑形制之先河，并且许多形制为后世沿用，号称“中华第一王宫”；（2）墓葬，二里头遗址内已清理并发掘几十座墓葬；（3）手工业作坊，包括铸铜、制玉、制石、制骨、制陶等作坊遗址。这里出土的青铜容器是中国最早的一批青铜器，也是世界上最早的青铜器。该遗址对研究华夏文明的渊源、国家的兴起、城市的起源、王都建设、王宫定制等重大问题都有着巨大价值。目前，从二里头夏代古城遗址发掘出的宫城遗址面积达10.8万平方米，四周有宽2米、残高0.1—0.75米的围墙，墙外还有宽10余米至20米的环城大路。在距其70公里左右的河南郑州西北郊大师姑村和杨寨村，还有一座同时期的夏代古城址大师姑遗址，总面积更是达到了51万平方米。

据文献统计，在春秋战国时期（公元前770年—公元前221年），当时中国境内的35个奴隶制国家中，一共出现了600多个城市。如果加上未统计的，春秋战国时期中国大地上的城邑当有千个以上。这个时期城市的功能不再是单一的政治和军事功能，而是突出增强了城市的商业和社会文化功能。

学者们认为，在早期城市的聚合过程中，最关键的因素是王权制度，商业化在很多个世纪里只是其附属结果。亦即，城市的出现和发展过程，与人类社会组织领域内的变化息息相关。生产“余粮”

能力的增强，使得人类社会在政治和宗教上出现了新的特点，使得城市随着农业和手工业生产力水平的提高而兴起。

不管是古代城市还是现代城市，都为人类生产力的提高提供了技术大发展的基础，这种技术发展使商品种类变得更加丰富，从而也促进了商业活动的发展。终于，当人类进入 19 世纪时，工业革命使人口分布和城市居住状态发生了巨变，出现了城市化社会。可将人类从远古定居点到现代城市的演变过程概括为：“临时栖居点→稳定寄居地→原始村落→雏形城市→早期城市→古代城市→近代城市→现代城市。”学者们对现代城市的简要概括是：“现代的城市是一定地域范围内经济、政治和文化的中心，是现代工业、第三产业以及非农业人口集中的地方，在国民经济和社会发展中起着主导作用。”

## 1.2　城市存续的理由

除了王权、宗教和军事等因素在城市存在和发展中所起的推动作用外，城市存在和发展的过程还是经济活动的空间集聚过程，促成城市产生并持续存在的最主要经济原因是规模经济效应，即集中交换和集中生产可以得到更高的收益。

我们不妨借用大卫·李嘉图的比较优势模型来说明这一点。如表 1-1 所示，假设最初有两户家庭 A 和 B，他们都生产两种商品——陶罐和棉线，并且生产两种商品的劳动生产率相同；假设交易成本主要由运输成本决定，同时单位产品的交易成本固定。那么，这两户家庭处在自给自足的经济状态中，不必进行商品交换。接下来将依次讨论随生产力发展出现的 3 种变化，这些变化是贸易城市和工业城市产生的原因。

首先，讨论第一种变化——劳动生产率可变以及专业化生产和贸易的出现。如表 1-2 所示，随着劳动熟练程度的提高，家庭 A 和 B 生产棉线团的劳动生产率发生了改变。如表 1-3 所示，A 家庭和 B 家庭各自生产了 12 小时，其中 6 小时生产陶罐，6 小时生产棉线团。如果自给自足不交换，那么在劳动生产率变化前，每家都只生产了 1 个陶罐和 1.5 个棉线团，两个家庭一共生产了 2 个陶罐和 3 个棉线团；在劳动生产率变化后，如果保持劳动力在两种产品生产中的比例不变，那么 A 家庭生产了 1 个陶罐和 3 个棉线团，B 家庭生产了 1 个陶罐和 2 个棉线团，两个家庭一共生产了 2 个陶罐和 5 个棉线团。

李嘉图的比较优势理论告诉我们，即使家庭 A 拥有绝对优势，由于劳动生产率差异，当每个家庭只专业化生产具有比较优势的那种产品，并与其他家庭进行交换来获取另一种产品消费时，社会福利和每个家庭的福利都将得到提高。从经济学的机会成本角度来考虑，这时 A 家庭生产 1 个棉线团的机会成本是 0.33 个陶罐，B 家庭生产 1 个棉线团的机会成本是 0.5 个陶罐，显然 A 家庭生产棉线团的机会成本较 B 家庭小。因此，当对生产进行调整后，如表 1-4 所示，从此 A 家庭专事生产棉线团，B 家庭专事生产陶罐，两家一共可以生产出 2 个陶罐和 6 个棉线团。由于每个棉线团在 B 家庭相当于 3 个工时，因此当 B 家庭拿着 1 个陶罐（花费了 6 个工时）和 A 家庭交换了 2.5 个棉线团（相当于 B 家庭的 7.5 个工时）时他们很开心；同时，对于 A 家庭而言，生产一个陶罐需要 6 个工时，正好是生产 3 个棉线团的时间，现在只需要花 2.5 个棉线团就可以换回 1 个陶罐，这交易不吃亏。与不进行专业化生产和不进行商品交换相比，现在如表 1-5 所示，A 家庭和 B 家庭各自都多了 0.5 个棉线团，双方都是受益者，同时社会福利提高 1 个棉线团。可以说，社会分工创造出了更多的价值，而交换或者贸易使这些价值得以实现。

**表 1-1　两个家庭生产的起始劳动生产率状况**

| | 陶罐<br>（工时/个） | 棉线团<br>（工时/个） | 说明 |
|---|---|---|---|
| A 家庭 | 6 | 4 | 没有交换 |
| B 家庭 | 6 | 4 | |

**表 1-2　A 和 B 家庭的生产发生的第一种变化：劳动生产率变化**

| | 陶罐<br>（工时/个） | 棉线团<br>（工时/个） | 说明 |
|---|---|---|---|
| A 家庭 | 6 | 2 | 两个家庭生产棉线团的劳动生产率都提高了，但 A 家庭拥有绝对优势 |
| B 家庭 | 6 | 3 | |

**表 1-3　A 和 B 家庭的生产在劳动生产率变化前后的产出情况**

| 劳动生产率 | | 陶罐（个） | 棉线团（个） | 说明 |
|---|---|---|---|---|
| 变化前 | A 家庭 | 1 | 1.5 | 假设每家都工作了 12 个小时，其中 6 个小时生产陶罐，6 个小时生产棉线团 |
| | B 家庭 | 1 | 1.5 | |
| 变化后 | A 家庭 | 1 | 3 | |
| | B 家庭 | 1 | 2 | |

**表 1-4　两个家庭生产发生第一种变化后的专业化生产结果**

| | 陶罐（工时/个） | 棉线团（工时/个） | 说明 |
|---|---|---|---|
| A 家庭 | 0 | 6 | 假设每家都工作了 12 个小时 |
| B 家庭 | 2 | 0 | |

表 1-5　两个家庭生产发生第一种变化后进行专业化生产并交换的结果

| | 陶罐（个） | 棉线团（个） | 说明 |
|---|---|---|---|
| A 家庭 | 1 | 3.5 | 假设每家工作时间没变，现在 A 家庭和 B 家庭都多了 0.5 个棉线团 |
| B 家庭 | 1 | 2.5 | |

虽然此时人类社会出现了分工和贸易，但还不一定会出现城市。因此现在我们来讨论第二种变化——单位产品的交易成本可变，以及商业中介的出现，在这种变化中诞生了贸易城市。单位产品的交易成本可变，意味着单位产品进行交易时的成本取决于单次运输成本和交换数量，在单次运输成本不变的情况下，每次交换的产品数量越多，交易成本越低。这意味着商业中介的出现有助于实现来自交换的规模收益。由于商业中介专事产品交换，与家庭相比具有更低的交易成本，因此家庭将专事生产而将交换工作转移给商业中介进行。商业中介起初需要向零散分布的家庭作坊收集产品并配送产品，为了降低交通费用，会选址在易于收集和配送产品的地区，例如更靠近生产方、消费方或者更靠近河流、港口和路口等地方。久而久之，这些地方就出现了商业中介、企业和工人集聚的情况，从而城市开始产生并发展。

专门从事商品集中交换的城市被称为贸易城市，贸易城市得以存在和发展的基础是比较优势和由交换产生的规模经济。贸易城市有着悠久的历史，最早可以追溯到公元前 3000 年左右地中海商人们沿着地中海沿岸建立的众多贸易城市。雅典在公元前 500 年左右成为区域贸易中心城市，而意大利的威尼斯、热那亚和比萨等城市则在公元 11 世纪和 12 世纪前后发展成贸易城市。

最著名的贸易城市莫过于美国的纽约。纽约是世界上最大的城市之一，位于纽约州东南部，是美国的金融中心、最大城市、港口和人口最多的城市。纽约中心的曼哈顿，是1626年荷兰西印度公司的彼得·米纽特用价值86荷兰盾（约24美元）的货物从印第安人处购得，当时命名为“新阿姆斯特丹”，居民约300人。1651年英荷之战爆发，1664年英国打败荷兰，取得“新阿姆斯特丹”的领土并重新命名为“纽约”，纽约遂成为英国的殖民地。17世纪下半叶，纽约的人口越来越多并成为美国东海岸的商业中心，该市出口农产品到欧洲并从欧洲进口工业制品。但是，美国东海岸与中西部内陆之间隔着连绵的阿巴拉契亚山脉，高昂的交通成本阻碍了中西部农产品的出口，美国人最后通过开凿伊利运河而解决了这个问题。

伊利运河全长为584公里，1817年开工，1825年10月25日通航，历时8年建成，是第一条将美国东海岸和中西部内陆相连的快速运输通道，可将运输成本减少95%。当伊利运河开通后，该运河通过五大湖水系大大降低了美国中西部与东部海岸间的交通成本，奠定了纽约作为核心贸易城市的地位。许多开拓者经运河将密西根、俄亥俄、印第安纳等地的农产品运到纽约上市，回程则满载工业品物资。1800年，美国的外来商品大约只有9%通过纽约港进入美国，到了1860年，这个比例已经跃升到了62%。伊利运河的开通使纽约人口急剧膨胀，一定程度上使纽约成为经济和金融中心，并最终成为今天我们所看到的超级城市。一条运河改变了一个城市的命运，也创造了一个国家的历史。

最后，我们来讨论第三种变化——生产规模的扩大和商业中介的专业化，在这种变化中诞生了工业城市。商业中介出现后家庭生产规模继续扩大。商业中介的出现使得原来的家庭作坊产品的销售不再局限于本地区，家庭作坊与商业中介之间实现了生产和交换的专业化分工。此时，家庭作坊采取扩大生产、多雇工人、革新技术和使用新机器等举措来进行发展。在这个过程中，大规模生产降低了单位产品的固定成本，使生产受益于规模经济效应。由于最初劳动力是自由流动的，在农村工作的劳动力和在家庭作坊工作的劳动力应当获取相同的实际工资额，即扣除交通成本后的工资收入应当一致。因此，最初在家庭作坊工作的劳动力将倾向于在收入不变的情况下选择居住在生产作坊附近，以减少交通成本并增加实际收入。久而久之，特定地方就形成了围绕着生产企业的人口集聚，从而城市开始产生和发展。

专门从事集中生产的城市被称为工业城市，工业城市得以存在和发展的基础是由生产产生的规模经济。工业城市的选址与能源有关，例如早期的英国纺织业依靠水力来推动纺织机器，因此出现了很多沿着河流建立的纺织城市，例如洛威尔。直到电力成为工业主要驱动能源之后，工业城市的选址才更多考虑与其他生产要素产地的远近，以及与消费者之间的距离。

## 1.3 城市的特征和划分标准

城市作为人与物的空间集聚体，首先具有物质和文化的密集性，人口大量集中在城市，生产活动和物质资产主要集中在城市，城市文化成为社会文化的主体。其次，城市具有生产的高效率和高效益，具有中心地位所应具有的人口吸引力和生产辐射力。城市不是孤立的经济体，城市的经济活动不仅在城市内部展开，也在城市之间展开，并且与周围乡村有着这样或那样的联系。

因此，有两种划分城市的方式：一种是根据行政边界进行划分的行政城市（City）；另一种是根据城市规模和人口密度等经济指标来定义的经济城市或者都市（Urban）。行政城市按照行政区划进行划分，是一种行政定义，容易理解也容易确定出明确的边界，均以政府的规定作为划分城市和乡村的标准，例如中国在行政上将城市定义为国家按行政建制设立的直辖市、市、镇。但经济城市的划分则不同，它是根据劳动力市场划分边界。例如，芝加哥都市由130多个行政城市构成，其中最小的行政城市只有几万人口，而最大的行政城市芝加哥市有200多万人口。经济城市在经济上突出的共性特征是开放性和非垄断性，其中开放性指城市不能独立存在和发展，需要外界支持；非垄断性是指无论城市多大都不能垄断市场和价格。

在经济城市中，城市和乡村有着不同的社会群落面貌和经济特征，城市在整个经济中有着更为重要的地位。城市和乡村的差别主要体现在以下几个指标上：首先是人口密度和就业密度，这意味着城市是一个高度密集的劳动力市场；其次还有资本密度（可以通过建筑密度和建筑高度来衡量）、知识密度、基础设施密度（如道路网络）和社会问题的空间聚集密度等。表1-6比较了城市和乡村在社会和经济特征上的不同。

**表1-6　城乡社会特征和经济特征的比较**

| 类别 | 细目 | 城市 | 乡村 |
|---|---|---|---|
| 社会特征 | 社会组织 | 严密、复杂 | 松散、简单 |
| | 社会结构 | 复杂，通常有多层次的划分 | 简单，通常没有明显的分层，或仅有富人或穷人的区别 |
| | 社会活动 | 非农活动为主，分工复杂 | 农业活动为主，分工简单 |
| | 活动场所 | 城区 | 村庄和田野 |

续表

| 类别 | 细目 | 城市 | 乡村 |
| --- | --- | --- | --- |
| 社会特征 | 影响范围 | 通常超出本市或者本地 | 通常在本村或本地 |
| | 社会财富 | 丰富、多样 | 贫乏、单一 |
| 经济特征 | 主要活动 | 制造业和服务业 | 农林渔牧 |
| | 经济结构 | 复杂，行业多按技术分工 | 简单，行业多按自然分工 |
| | 经济主体 | 工人和商人 | 农民、牧民、渔民 |
| | 活动场所 | 工厂或商店 | 农田、牧场、渔场 |
| | 经济水平 | 高 | 低 |

资料来源：牛凤瑞．城市学概论［M］．北京：中国社会科学出版社，2008：12.

即使理论上可将城市按照经济城市标准进行分类，但要明确划分出边界，也会涉及一系列相互关联的因素，例如人口数量、人口密度、经济功能、劳动力供求和行政管理等。发达国家多根据区域人口密度指标进行划分。

目前，最常见的城市分类方法是按照人口规模进行划分，即以人口的绝对数量为标准来划分城市和乡村。由于各国人口数量不一，因而对城市的划分没有统一标准。例如，美国人口普查局在2000年的人口普查中，根据所使用的人口普查划分标准将城市区分为：城市地区（人口不少于2500人，人口密度大于500人/平方公里）、小都市区（人口在1万~5万人）、大都市区（人口不少于5万人）和主要城市（每个大都市区和小都市统计区内最大的自治市）。

中国现行统计意义上的城市人口，指的是行政区划意义上的市镇人口，即居住在行政设置的市镇中的常住人口，这种分类兼顾了国家行政管理的需要，侧重于集中人口的经济因素及某些社会因素。中国统计局所使用的标准是：小城市（20万人口以下）、中等城市（20万~50万人口）、大城市（50万~100万人口）、特大城市（100

万~200万人口）以及巨型城市（200万人口以上）。此外，也有研究者们根据中国的城市化状况在《中国中小城市发展报告（2010）：中国中小城市绿色发展之路》绿皮书中提出了新的划分标准：小城市（市区常住人口50万以下）、中等城市（50万~100万人口）、大城市（100万~300万人口）、特大城市（300万~1000万人口）、巨大型城市（1000万人口以上）。

## 本章参考文献

1. 联合国人类住区规划署. 亚洲城市状况报告［M］. 北京：中国建筑工业出版社，2014.

2. DOBBS B R ，SMIT S ，REMES J ，et al. Urban world：mapping the economic power of cities ［J］. Mckinsey Global Institute，2011.

3. 阿瑟·奥莎利文. 城市经济学［M］. 北京：北京大学出版社，2008.

4. 爱德华·麦克诺尔·伯恩斯，菲利普·李·拉尔夫. 世界文明史［M］. 北京：商务印书馆，1990.

5. 克鲁格曼，奥伯斯法尔德. 国际经济学（第八版）［M］. 北京：中国人民大学出版社，2012.

6. 尼尔·博任纳. 城市化的观点［J］. 国际城市规划，2016（1）.

7. 辞海编辑委员会. 辞海［M］. 上海：上海辞书出版社，1980.

8. 丁成日. 城市增长与对策——国际视野与中国发展［M］. 北京：高等教育出版社，2009.

9. 范文澜. 中国通史（第一册）［M］. 北京：人民出版

社，1994.

10. 傅崇兰，白晨曦，曹文明，等. 中国城市发展史［M］. 北京：社会科学文献出版社，2009.

11. 傅崇兰. 城市史话［M］. 北京：社会科学文献出版社，2011.

12. 牛凤瑞. 城市学概论［M］. 北京：中国社会科学出版社，2008.

13. 齐思河. 世界通史（上古部分）［M］. 北京：人民出版社，1973.

14. 田雪原. 中国城市人口划分标准问题研究［J］. 人口与经济，1989（1）.

15. 吴宇虹，杨勇，吕冰. 世界消失的民族［M］. 济南：山东画报出版社，2009.

16. 谢文蕙，邓卫. 城市经济学［M］. 北京：清华大学出版社，2008.

17. 张鸿雁. 春秋战国城市经济发展史论［M］. 沈阳：辽宁大学出版社，1988.

18. 周伟林，严冀，等. 城市经济学［M］. 上海：复旦大学出版社，2007.

# 第二章　商业、城市发展和人类社会

考古证据表明，“城市”已经有 6000 年左右的历史了。在历史的长河中，为什么人类会不由自主地追求大城市生活？因为大城市吸引了区域内各种资源向城市所在地集中，使城市成为各种经济、社会和文化活动聚焦的中心，从而在区域发展中发挥不可替代的作用。例如，美国大西洋沿岸中部区是美国最发达的地区之一，这个地区的多个大城市在不同时期推动了该区域经济的发展。从 19 世纪中叶到 20 世纪前半叶，匹兹堡在钢铁行业中处于垄断地位，是该地区经济发展的推动力量；纽约则在贸易的基础上发展成为大工业中心，并在贸易和工业的带动下发展了金融业务，成为世界上最大的金融中心。大城市是区域内的要素聚集中心，是区域内制造业中心，是区域内金融服务和信息中心，对周边发展具有辐射作用。

城市的发展依附于人类社会结构的变化和生产力的发展，在不同的阶段具有不同的特征。同时，也正因为城市发展的依附性，城市自有其独特的生命周期。美国学者丹尼尔·贝尔根据经济特征将人类历史划分为 3 个阶段：前工业社会、工业社会和后工业社会。表 2-1 总结了城市商业在这 3 个人类历史不同阶段的发展特征。

**表 2-1　城市商业发展在人类历史不同阶段的特征**

| 历史阶段 | 经济特征 | 城市发展状况 | 地理位置特征 |
| --- | --- | --- | --- |
| 前工业社会 | 手工业生产集中地，农产品交易集中地。以第一产业为主，以商品贸易为主 | 规模小，数量少 | 大都沿着河流等交通要道，或者贸易路线建立 |
| 工业社会 | 机器生产中心，商业贸易中心。以第二产业为主，以商品贸易为主，服务贸易萌芽 | 规模扩张，数量增加迅速，出现都市连绵区 | 大都沿着河流等交通要道，或者贸易路线建立，靠近资源地建立 |
| 后工业社会 | 机器生产中心，商业贸易中心，第三产业中心和信息处理中心。以第三产业为主，商品贸易和服务贸易并重 | 超级城市裂解，中小城市崛起 | 城市裂解，新建城市不再遵循地理和资源规律 |

## 2.1　前工业社会

前工业社会作为人类经济历史发展过程中的一个阶段，时间上是指从 18 世纪中晚期蒸汽机得以普遍应用之前的人类社会。在这一时期，城市经历了从原始村落到早期城市再到古代城市的演变，主要特征是自给自足的农业文明占主导地位。

在原始社会，农业萌芽后才开始出现比较稳定的人类寄居地，并随着第一次社会大分工，即畜牧业从农业中分离出来，才开始出现原始村落。后来，随着农业生产力的进一步发展，手工业从农业中分离出来，再接着出现了商人阶层，这就是第二次社会大分工和第三次社会大分工。

三次社会大分工的结果，使商人和手工业者向交通条件较好或者离市场较近的地方集聚，形成了原始集市，这也是城市发展的经济基础。此时原始社会解体，奴隶社会取而代之，私有财产制使得部落或者氏族首领通过构筑军事工程来保护定居点，并通过宗教等手段来加强统治，这构成了城市发展的社会基础。同时，奴隶社会中出现了国家的雏形，军队的扩张和驻扎也使其驻地逐渐成为人口聚居点。这样，早期城市出现并逐渐演变为古代城市。

一个完整意义上的城市，至少需要具备5个要素：有对国家或者地区具备管理功能的行政中心；有可以经常进行商品交换的市场；有专门从事生产的手工业作坊；是各社会阶层的居住地；有稳固的军事防御设施。这时候的古代城市，大部分出于政治、宗教或军事目的而建立，即便集市在最初的人口集聚过程中起了重要作用，此时它与商店、作坊和广场仍然不可避免地成为城市行使政治、军事和宗教功能时的附属。

因此，奴隶社会中的城市，大多是统治阶级凭借强权在原有定居点基础上扩展建造的城市，上层社会居住在城市的城墙之内，城市的兴衰往往与政权更迭息息相关，国亡则城亡，国盛则城兴。这时，各个文明区在地理上相距较远，缺少便利快捷的交通工具，因此大多数贸易仅局限于城市周边。

随着社会生产力的进一步发展，人类社会进入了封建社会，这时各个文明区的地理范围不断扩大，相互之间的政治和经济交流活动日益增多，使城市的功能随着国家管理职能的加强而变得更加强大。城市规模扩大了，数量增加了，人口更多了，文化更丰富了，同时开始出现对城市进行系统规划的需求。这一时期长达数千年。在这个时期，大多数城市仍然是国家政权兴衰的晴雨表，尽管这时城市已经是手工业生产的集中地和农产品的集散地，但在其成长过程中，仍然甚少包含经济和文化对其发展所起的决定性作用。例如，傅崇兰在《城市史话》中提到，中国的城市发展可以分成4个阶段，其中：第一个阶段，是城市的形成阶段（奴隶制时代），约从公元前21世纪开始到公元前475年春秋战国之交结束。这个时期民间商业和官办商业同时发展，城市的商业功能逐渐增强；第二个阶段，是封建时代城市的发展阶段（秦汉、隋唐时期）；第三个阶段，是封建时代城市的演变阶段（宋元时期）；第四个阶段，是封建时代城市的局部质变阶段（明清时期）。

## 2.2 工业社会

在城市自内向外扩展的过程中，城市的产生和发展首先由城市外围所在区域的农业经济发展水平决定，其次由农村剩余劳动力的规模决定。城市作为非农业人口的聚集地，严格来说其产生和发展的主要原因是农业生产力提高后带来的粮食剩余问题。粮食剩余刺激了劳动力结构分化，最后出现从事非农生产活动的人口，因此城市首先会在农业发达地区产生。人类历史上第一批城市的诞生皆因于此。

但是，在人类社会后来的5000年发展过程中，世界范围内的大部分城市都因农业生产力提高缓慢而陷于发展停顿局面。直到18世纪中叶人类进入工业社会，通过始于英国的工业革命，世界范围内的城市才进入了发展的新高潮。在这个时期，工业革命不仅使劳动生产率大大超过了人类历史上曾经有过的最高水平，也使城市的发展水平大大超过了以往任何一个时期。

工业社会是指社会生产以工业生产为经济主导成分的社会，这是一个“机器时代”。从时间上来说，工业社会是指蒸汽机出现之后到20世纪七八十年代电子信息技术广泛应用之前的这段时间，是继农业社会或传统社会之后的社会发展阶段。

公认的看法是：蒸汽机改变了人类社会，没有蒸汽机的发明就没有工业社会。最原始的蒸汽机经过瓦特1765—1790年的不断改良后，效率提高到原来的3倍多，成为现代意义上可以普遍应用在生产中的蒸汽机。蒸汽机在采矿业、冶炼、纺织、机器制造等行业中得到广泛推广，大大提高了当时的社会生产率，为市场提供了大量商品。例如，由于使用蒸汽机，在1766—1789年的20多年时间里，英国纺织品的产量增长了5倍。可以说，蒸汽机的出现为人类不断聚居在城市中提供了物质上的保障。后来，英国发明家特里维塞克于1801年对蒸汽机进行了改进，发明了用于铁路行驶的高压蒸汽机动力车辆；美国工程师罗伯特·富尔顿于1807年成功地用蒸汽机来驱动轮船；英国发明家斯蒂芬森于1814年通过对蒸汽机动力车辆的改进，制造了在煤矿中使用的轨道蒸汽机火车。20世纪初，蒸汽机被广泛用于电站、工厂和机车等各个领域。蒸汽汽车、蒸汽火车和蒸汽轮船为解决当时货物的长途运输提供了更有效率的可行方案，不仅扩大了人类社会经济活动的地理范围，为各国的经济往来（即国际商品贸易往来）提供了物质保证，也成为各大国际性城市得以发展的重要保障之一。

工业社会可以分为3个阶段：第一个阶段以轻工业为主，与世界现代化的第一次浪潮相连，蒸汽机出现；第二个阶段以重工业为主，与世界现代化的第二次浪潮相连，电力得到普遍应用及出现新式炼钢法；第三个阶段与世界现代化的第三次浪潮相连，核能、计算机和自动化技术的发明及应用，造就了核工业、电子工业、半导体工业、航天工业和激光工业等许多新兴工业部门。

在工业社会中，占主导地位的社会生产方式是使用消耗能源的大机器进行专业化大生产，占主导地位的社会关系不再是血缘和地缘关系，而是业缘关系；社会民主化程度更高且政治运行的基本方式是法治而不是人治。此外，工业社会还具有科技非常发达且专业化分工精细、社会分化严重且劳动力流动性强，以及个人自主发展机会增多等特征。

在这一时期，城市随着人类技术的跨越式发展，以及交通运输工具和通信技术手段的不断革新，数量快速增加，规模不断扩大，整个人口中农业人口的比重降低至半数以下，即人类社会步入了城市化进程。同时，无论是个人、群体，还是区域或国家都由于经济联系和相互依赖性的加强而日趋开放，彼此之间的经济竞争成为家常便饭，不仅构建了发达的国际贸易体系，也出现了大量的国际资金流动现象。工业社会营造出的城市文明既为人们提供了更自由的发展空间，同时也带来了激烈的竞争，压缩了人们的生存空间并成为现代环境问题的罪魁祸首。

在这一时期，随着城市规模的扩大，城市经济呈现出了新的特征——各个城市之间在竞争中或多或少地体现出了自身的相对优势。对各行业来说，如今比以往更容易实现规模经济；但是企业的生产具有明显的外部性，这些外部性有正有负，例如环境污染加剧是负的外部性，经济集聚效应是正的外部性。像集聚效应这样的正外部性会进一步刺激城市规模迅速扩大。全球城市间的经济竞争成为其竞争的主要内容，制造业逐渐被服务业取代，服务业开始成为城市竞争中的决定因素。

在过去的大半个世纪里，从工业领域中逐步发展出的新科技不断造就一批新兴城市，同时也对传统的城市经济产生了破坏性影响，缩短了城市的兴衰周期。在这一时期，世界上许多地区的城市受益于当时新兴工业的崛起，然后又随着这些新兴工业在经济发展中的衰退而衰退，饱尝其带来的痛苦。美国的例子有巴尔的摩的造船业、底特律的汽车业和波士顿的纺织业等。但是，也有一些地区的城市在这一时期跟随逐步发展的新科技而不断实现产业升级，其发展呈现螺旋式上升态势，拥有持久的生命力。美国的例子有纽约和休斯敦等。可以说，工业发展造就了城市，也分化了城市。

## 2.3　后工业社会

### 2.3.1　互联网发展和城市的裂解与重组

后工业社会指所谓的“信息时代”。这个提法最早出现在 1982 年出版的英国科学家詹姆斯·马丁的《电讯化社会》一书中，后来，美国政府在 1993 年率先提出兴建“信息高速公路”的战略并付诸实践。因此，不妨认为后工业社会在时间上始于 20 世纪 80 年代，也就是电子信息技术广泛应用之后。此时，互联网作为智力密集型、低能耗、高附加值的生产工具，成为促进传统产业升级的引擎。

互联网为人们提供了巨大的信息资源和服务资源，缩小了世界各地的距离，使商业机会全球平等化，加强了全球劳动力协作。通过互联网，服务外包变成常态，世界变成平的，例如印度老师可以在网上给美国学生辅导数学，德国平面设计师可以在网上给中国企业设计 LOGO，中国软件工程师可以在网上给英国公司编写程序……互联网加速了劳动力全球化的进程，人们在工作的同时，可以留在原来居住的城市，可以留在家中，不用再为了紧密的劳动合作而像过去那样完全依赖于聚居城市的生活方式。

互联网使人类社会有史以来第一次成为一个整体，人们认识世界的时间被大大缩短了，信息获取的便利性被大大加强了。人类的可跨越空间不断融合，不断变小，全球各地区的人们可以同时以非常低的成本获得世界各地的最新消息，这打破了报纸和电视等传统媒体在时间上的局限性。同时，互联网也改变了传统的解决问题的方式，无论居住于何处，人们都可以利用互联网与世界各地的人进行信息交流和资源共享，以便找到问题的解决方案。这使得人们原先只能依赖城市提供信息和资源的程度下降了。

信息高速公路，即由互联网带来的信息便利性以及相关的新兴产业，和过去的蒸汽机一样，极大地改变了传统城市的形态和功能。在这一时期，出现了有别于传统工业社会城市的基于互联网的“智能城市”概念，与互联网相关的产业得到了快速发展，城市兴衰的周期不仅和产业兴衰有关，也开始和特定的产品生命周期息息相关。

知识在这一时期不再纯粹地通过将自身从属于商品来体现其价值，而是成为制定决策和指导变革的决定性力量，信息本身成为市场上可以有市场价格的可交易商品。知识所呈现出的有组织的复合体特征，产生了对大量相互关联的知识进行梳理，并使之协调以实现特定目标的新兴学科，包括信息论、控制论、决策论、博弈论等等。在公众认可了信息的价值，并在政府能够通过诸如知识产权保护等制度对其实施保护之后，新兴产业不断伴随其出现。社会发展变得更加依赖技术和创新。这时，城市作为先进技术的发源地和率先使用者，既成为对技术发展进行规划和控制的主要单位，也成为受到技术影响而改变自身历史发展轨迹的主要单位。

一方面，超级城市借助于互联网进一步打破了地理距离对经济的影响，导致某些超级城市发生了“裂解”，城市功能也随之重组。在世界现代化进程的第四次浪潮中，得到了广泛应用的信息技术主要由两部分组成：由可以量化的科学和数学组成的“硬件”，由可传输的信息内容组成的“软件”。因此，后工业社会又被称为知识社会。与以往改变人类社会生活方式的任何一种技术相比，信息技术以更快的速度传播到世界各地。互联网加强了各类经济体之间的紧密联系，为人们提供了一种不需要在地理上聚居在一起就可以完成资源和商品交换的方式。因此，在后工业时代，部分超级城市出现了“裂解”的迹象。

此外，随着人们在城市问题研究中加入历史学等其他人文学科，随着基于卫星技术的新数据资源采集、地理相关分析和地理信息系统（GIS）等技术的出现，为城市问题的研究提供了新的方法和证据。有些新的证据甚至将气候变化和生物圈变化直接与城市问题相联系，论述了全球建成环境，即城市化的社会物质基础设施直接作用于大气、生物栖息地、土地利用表面和大洋环境后引发的长期转变问题，对于人类和非人类生命形式的新陈代谢的影响意义深远①。

城市基础论认为，城市增长依赖于自身出口商品和服务以支付进口需求的能力。城市专业化程度越强，其自给自足的能力越弱。因此，对于城市来说，为出口而进行的商品和服务的生产是其基本活动，仅为城市自身提供商品的生产活动是非基本活动，非基本的

① 尼尔·博任纳. 城市化的观点［J］. 国际城市规划，2016（1）：8-18.

工业部门的发展依赖于基本的工业部门。根据这个理论，城市面积的增长主要依赖于基本活动和非基本活动的比例，比例越高城市面积增长的速度就越快①。对于城市的工业布局趋势，诺伊尔和斯坦伯克（Noyelle & Stanback，1984）曾经做过一项研究，他们根据专业化生产能力的差异将最大的那些都市地区分类后，对城市的经济转型进行检验，运用区位商指标来确定专业化相关水平的高低，并运用聚类方法将那些最相似的地区提取出来，最后得到了九类大都市地区：节点都市、功能性节点都市、政府-教育都市、教育-制造业都市、居住城市、度假疗养城市、制造业城市、工业-军事城市和矿业-工业城市②。

对城市功能的再定位及其制度重构，重塑了人们对传统上基于高密度人口集聚和建成环境的城市的认识。过去的中心城市在向外扩散时，在原来的边缘郊区或乡村地区创造出了中心城市的“外围”城市和“边缘”城市，在一些地区甚至创造出中心城市的“星系”城市，形成了全新的大规模空间形态并最终打破了城乡分立的格局。城市不再是节点上简单的中心集聚物，而是不均匀地分布于全球各地，不再有清晰的地域边界。因此，人们无法再用城市、大都市或城乡二元的传统概念来区分这些形式，此时就出现了新的挑战——如何对城市新的特征加以认知。学者们对传统城市生活的分析基于城市的3个社会属性——大规模的人口数量、高人口密度和高度的人口异质性。但是，在当今世界中，机场和航线、地铁站和铁路、

① 保罗·贝尔琴，戴维·艾萨克，吉姆·陈．全球视角中的城市经济［M］．长春：吉林人民出版社，2011.

② 理查德·P．格林，詹姆斯·B．皮克．城市地理学［M］．北京：商务印书馆，2011.

停车场和机动车道、传送点和信息高速网络连接着各个地理位置，原先对城市的分类方式已随之发生变化，城市中人们的生活方式也发生了变化。

在这个过程中，国家和地方政府在城市发展中扮演了重要角色。面对全球化，它们积极参与，在几乎每一个主要经济区域都竭力吸引跨国资本投资，以便带动辖域内城市的发展。这些政策不再只侧重对传统大都市核心区的建设，而是强调跨区域集聚及空间管理，包括跨国交通廊道建设、区域高速交通网络建设、电信和能源网络建设，以及自由贸易区建设等，以引导商品、劳动力和资本的跨国流动，并推动所辖城市经济的长期增长。

### 2.3.2　政府角色变化和边缘城市重塑

经济结构在这一时期从商品生产型经济转向服务型经济。随着一国工业化的逐步深入，各个产业的生产率不断发生变化，劳动分工越来越细致，各国的国民收入不断增加，满足消费者需求的能力越来越强。

随着第一产业的富余劳动力向制造业转移之后，富余劳动力继续从制造业向服务业转移，“配第-克拉克定理”描述了这一发展规律：随着经济发展和人均国民收入水平的提高，第一产业国民收入和劳动力的相对比重逐渐下降；第二产业国民收入和劳动力的相对比重逐渐上升；随着经济进一步发展，第三产业国民收入和劳动力的相对比重开始上升。随着人们对服务业，即商业、财经、交通、卫生、娱乐、科研、教育和行政工作等行业的需求变得越来越大，后工业社会呈现的最基本经济特征是：大多数劳动力不再从事农业和制造业，而是从事服务业的工作。

在这一时期，互联网带来的信息便利性和通信便利性，加强了全球经济的一体化。一些专家学者认为，信息经济发展到今天，全球各地方之间的联系变得更加紧密且直接，许多位于国家城市体系底部的小城市也因此被卷入经济全球化的浪潮中，形成了新的发展形态。这些小城市还借由互联网打破了由地理距离带来的障碍，形成了连片发展的城市群，在经济功能上或互补，或竞争。其中，城市群的经济互补性引发了学者们对城市群共生问题的讨论。

在经济全球化浪潮中，城市群的竞争和共生关系越来越明显，一般从以下几个方面来衡量其竞争和共生关系：城市间的产业关联度怎样，纵向是否能形成产业链；城市间的产业互补性如何，横向是否能形成主导产业、关联产业、基础产业的配置；城市间的产业聚合度如何，是否能形成规模效益、集聚效益；城市间的产业和市场关系；城市间的产业和交通运输、金融、信息、技术关系；等等①。不管怎么说，城市一旦卷入全球化浪潮，就不再是传统意义上的地方城市了。放眼全球，今天的国际竞争已经更多地表现为城市群之间的竞争。

边缘城市的重新塑造问题主要有两种情况。第一种情况发生在有过辉煌工业化历史但随后步入衰落的城市中，这主要指发达国家处于衰退过程中的工业城市，例如美国“铁锈带”（Rust Belt）上的城市；第二种情况主要指发展中国家的城市。无论是哪一种情况，都使政府比以往更多地介入了对城市的规划和管理工作中，更多地

① 马永俊，胡希军. 城镇群的共生发展研究——以浙中金华城镇群为例［J］. 经济地理，2006（3）：237-240.

扮演了“救世主”的角色。当然，不同的城市由于其地理位置及过去的产业结构不同，受经济全球化的影响程度也不同，比如有些城市没有受到全球化影响，依然遵循以前的轨迹在发展。对那些发展轨迹发生了转变的地方城市而言，即便转变的类型不同，也意味着当地的经济个体们（包括当地政府）仍努力去适应这种变化。这时，地方政府的角色会从当地最高政治统治者转变为企业型统治者，从单一的行政管理者转变为经济和市场发展的引导者。

在发达国家，例如美国，位于俄亥俄州“铁锈带”的莱马市因为跨国公司的投资而不断得以发展。据报道，2016年当消费品巨头宝洁公司对其位于该地的洗涤剂工厂扩大投资时，俄亥俄州政府官员表示未来6年将给予该工厂约11.9万美元的课税津贴①。再如，中国的福耀玻璃集团2016年在美国俄亥俄州的莫瑞恩市投资6亿美元建立了一家工厂，该工厂帮助复苏了这个“铁锈带”上因美国通用汽车制造工厂关闭而衰败许久的城镇②。据报道，当地政府为了吸引福耀集团的投资而给予了该工厂约3000万美元的补助和津贴。

在发展中国家，例如中国，城市在过去的20多年中也发生了类似变化。经济全球化对中国的某些边缘小城市改造和重塑的力度很大，使其逐渐成为全球瞩目的地区。例如，黑龙江的珲春市位于中国的北部边境地带，矿产资源丰富，是中国唯一地处中俄朝三国交界的边境小城。该城市原先经济非常不发达，既没有地理位置上的优势可以利用，也没有得到国家的政策支持。后来，当其成为国家

① 佚名. 宝洁扩建洗涤剂工厂 加强制造运营［J］. 中国洗涤用品工业，2016（7）：76.

② 曹德旺. 福耀玻璃全球故事，复苏美国俄亥俄州衰败的城镇［EB/OL］.（2017-05-02）［2018-11-25］. http：//www. ccg. org. cn/Director/View. aspx？Id=6524.

级对外开放城市并在2012年设立中国图们江区域（珲春）国际合作示范区后，在地方政府引导下，逐渐融入全球制造业链条，逐步发展为重要的地区工业中心和边境窗口城市。

再如，珠三角地区的深圳和东莞等城市，长三角地区的慈溪、义乌、桐乡和昆山等中小城市，当地政府在其发展之初都曾出台过优厚的条件，以便招商引资，最常见的方式之一就是让渡部分地方税收作为补贴。这些城市的经济发展随后都获得了巨大的成功。就拿其中的义乌来说，该城市是浙江金华市（地级市）下辖的县级市，在改革开放40年中凭借开拓小商品市场而获得快速发展，目前已经是著名的国际小商品批发市场。义乌对整个金华市经济发展的贡献非常突出，2007年就初步具备了成为省辖市的条件。义乌的国际化程度主要受其对外贸易发达程度的推动，是长三角中小城市群中国际化程度较高的城市，已超过其上级行政管辖市，即金华市的国际化程度。像义乌这样的专业性国际化城市在长三角地区中还有昆山、江阴、张家港、诸暨、绍兴、嵊州等城市①。不得不提的另一个城市是昆山市②。该城市紧邻苏州和上海，在20世纪80年代是苏南最贫困的地区之一。为了抓住发展机遇，当时地方政府在没有获得国家优惠政策的情况下，主动向企业型政府角色转变，利用地理位置的优势，盘活了该地区的经济，并最终获得国家优惠政策扶植，一跃成为中国百强县第一名。

---

① 张旭亮，宁越敏．长三角城市群城市经济联系及国际化空间发展战略［J］．经济地理，2011（3）：353-359.

② 过去是江苏省昆山县。

### 2.3.3　全球化和国际贸易中心城市

在后工业社会阶段，城市的类型除了工业制造中心和商业贸易中心外，还出现了信息流通中心和信息管理服务中心。信息的流通和管理服务具有国际性，能够通过市场来实现信息的有偿交换和提供，可将这部分内容的国际化交换归入国际服务贸易类别。因此，在后工业社会阶段，城市的经济无论属于哪种类型，都离不开贸易，并且当一国经济实行对外开放的政策时，其中就包含了大量与国际贸易有关的政策。

当一个城市成为贸易中心尤其是国际贸易中心时，就获得了更重要的地位，在城市群中处于核心位置。这种地位可以借由经济内生发展而获得，也可以经由国家力量获得。例如，上海是中国长三角地区的国际贸易中心城市，又是包含了杭州、苏州、宁波、无锡等长三角城市的城市群中的核心城市，这种地位是借由该地区经济发展的自然历程获得的。即使今天长三角地区城市群内部的经济结构已经发生重构，上海在城市等级、经济联系、经济隶属度和国际化程度等方面依然处于长三角城市群的核心位置。

通过国家力量主导成为国际贸易中心城市的一般情况是：一国通过国家层面的战略规划，将一个或若干个具有比较优势的本国城市确立为参与全球分工的资源配置前哨平台，之后加以扶植，通过帮助这些城市分享全球市场和资源，来确保本国工业化和可持续发展的国家战略得以顺利进行。也就是说，该国将集中国家主要资源来扶持所选择的国际贸易中心城市，确保其成长为商贸产业和企业主体长足发展的载体和平台，成为多样化交易中的大规模服务型综合体，通过大量的商流、物流、资金流、人流和信息流，发挥出整个地区的产业和信息优势，来参与全球生产分工和贸易，最终成长为以贸易为特征的具有较强带动力和影响力的国际或区域经济中心。例如深圳市既是珠三角地区的国际贸易中心城市，又是包含了东莞、中山、惠州等城市的珠三角城市群中的核心城市，而这种地位主要是靠国家力量主导而获取的——1980 年 8 月 26 日全国人大常委会批准在深圳设置经济特区。

如果根据国际贸易的辐射力和吸纳力等指标对国际贸易中心城市进行分类，可以把其分为全球性国际贸易中心城市和区域性国际贸易中心城市两大类。目前，世界公认的全球性国际贸易中心城市以美国的纽约、英国的伦敦、日本的东京等为代表；而区域性的国际贸易中心城市则以新加坡和中国香港等为代表。

全球性国际贸易中心城市主要是指影响力能够辐射全球市场的城市。在这样的城市中，聚集着大量在全球范围内配置资源并将商品销往各国市场的跨国公司，商贸产业作为这些城市的基础产业高效运行，对配套服务业的大量需求带动了该产业的繁荣发展。在这些城市中，金融业也很发达，金融业与商贸业的互动不仅会吸引世界各地的资本来投资，也会大大加快金融产品的创新速度。在这些城市中，还有大量的国际化消费需求，会推动制造业加快创新和发展速度。这些举措会提升城市的国际竞争力，因此，这些城市往往能够成为一国实施包含资源全球化、市场国际化等内容的全球化战略载体。

区域性国际贸易中心城市一般是指随着相对贸易距离在全球范围内不断延伸而形成的区域性国际城市。这种相对贸易距离的延伸可以通过城市经济内生发展而获得，也可以通过国家主导来完成。在全球化过程中，发达国家的制造业企业在通过资源的全球配置来获取更高生产效率，在对选定的目标市场进行扩张时，会优先选择该地区中具有良好区位优势、较强辐射力和吸纳力的国家或地区，通过建立地区级的前哨地区总部向临近地区或国家的市场进行渗透。与此同时，配套的商贸、金融、物流等行业也会随之进入该市场，从而形成区域性国际贸易中心城市。东道国政府的外交和经济政策能够对这一过程给予有力的支持，曾经得到政府支持而被开发出来的区域性国际贸易中心城市有伦敦、纽约、东京、中国香港和新加坡等，其中一些城市，例如纽约、伦敦和东京随后发展成了全球性国际贸易中心城市。

第二次世界大战后，发达国家通过国际投资完成了一轮新的国际分工调整。在此过程中，发达国家结合自身利益的需要，通过国际投资进行了产业结构调整，处于价值链下游的高能耗和高污染制造环节陆续被输出到中国等发展中国家，处于价值链上游的技术研发、品牌开发、市场网络建立等环节则继续由发达国家掌控，从而在形成一批新的区域性国际贸易中心城市的同时，也使国际贸易中心城市在功能上出现了分化。

在后工业社会中，全球性经济危机频发，这对城市发展的影响也相当深远。例如，在由 2007 年美国次贷危机诱发的世界经济危机中，开放度和国际化程度越高的城市所受到的打击就越大，以至于纽约和伦敦不仅遭受了经济上的损失，还发生了严重的社会对立和骚乱事件（纽约的“占领华尔街”抗议活动和伦敦骚乱事件）。

### 2.3.4 世界城市的潜力

在我国多个城市的建设和发展过程中，地方政府曾提出通过建设国际贸易中心城市来建设国家经济战略平台的想法，目标都是希望通过国家意志使本地成为“全球或区域商贸要素高度聚合、商贸环境开放宽松、法律环境公正透明、金融和航运及配套服务业高度发达、本土跨国公司总部密集、国际跨国公司地区总部数量众多、对外贸易辐射全球、零售服务吸纳国际资本、商贸经济总量全球排名居前、人文环境等国际化程度高的世界性著名大都市”。这就是建设世界城市的目标。“世界城市”是后工业化社会创造出的一个概念，简单来说，就是指在社会、经济、文化或政治层面能够直接影响全球事务的城市。学者们普遍认为，世界城市是国际化城市的高级形态，是城市国际化水平的高端标志，是具有世界影响力、能吸引世界高端企业总部和人才的城市，是国际活动召集地、国际会议之城、国际旅游目的地①。国际化是世界城市特征之一，世界城市一定是国际化城市，但国际化城市不一定是世界城市。例如，瑞士日内瓦的国际化程度很高，是个国际化城市，但日内瓦的人口不足百万，城市规模过小，因而不能称为“世界城市”。在这样的高标准之下，北京曾在2010年提出过建设世界城市的构想。

一般认为，英国伦敦、美国纽约、法国巴黎和日本东京是四大世界城市，而中国香港和新加坡尽管非常发达和开放，但还没有达到世界城市的标准。因此，从某种意义上来说，全球性国际贸易中

---

① 张旭亮，宁越敏．长三角城市群城市经济联系及国际化空间发展战略［J］．经济地理，2011（3）：353-359.

心城市是世界城市中重要的一类。

鉴于世界城市在全球经济中的享有重要影响力和地位，越来越多的国家在全球化过程中努力打造本国的世界城市，以期抓住新的发展机遇。例如，2010 年在关于北京未来发展战略的讨论中，当时的北京市市长认为“世界城市是国际城市的高端形态，是指具有世界影响力、聚集世界高端企业总部和人才的城市。建设世界城市是我们国家被推向世界前台后，首都工作的一个新的奋斗方向”①。

学者们的研究结果显示，下列 9 个因素是世界城市形成的主要动力机制与条件：自然条件优势、良好的经济腹地条件、基础设施条件、跨国集团总部云集、发达的现代服务业、灵活的政治体制和宽松的经济环境、发达的全球贸易、强大的文化功能，以及信息化时代带来的机遇②。例如，多伦多作为加拿大人口最多、经济最发达的地区，是世界上文化最多元的城市之一，其经济地位建立在沟通加拿大与东西方贸易的基础上，在信息化时代的推动下它有潜力成为世界城市。

在各国纷纷通过优惠政策激励本国世界城市出现和发展的过程中，出现了城市之间的竞争问题。以美国为例，在历史上，纽约率先成为美国现代意义上的世界城市，在后续发展过程中，不得不面临中部地区的中心城市芝加哥和西部地区的中心城市洛杉矶对其的挑战，这两个城市与纽约相隔一代人的时间跨度发展起来，在商业和文化等各方面与纽约展开了竞争：芝加哥一度在大陆贸易方面占

---

① 佚名. 北京瞄准建设世界城市 大国崛起的城市发展战略 [EB/OL]. (2010-01-26) [2018-11-2]. http://cul.sohu.com/20100126/n269823815.shtml.

② 陆军. 世界城市研究——兼与北京比较 [M]. 北京：中国社会科学出版社，2011.

据主导地位，而洛杉矶则夺取了纽约20世纪新媒体的文化领导权①。

无论是世界城市的发展实践，还是传统的世界城市理论，都证明以金融、保险和地产等服务业为经济支柱的世界城市在城市群中具有相对较高的地位，并具有更强的全球要素控制能力。城市领导者们因此更认可服务业的长期发展潜力，并在城市的发展过程中不断通过制定政策来“驱逐”制造业，并扶持服务业成为当地的主导产业。随着产业异质性下降，伦敦、纽约和芝加哥等许多大城市的主导产业开始由服务业来支撑，单一产业经济使这些城市抵御经济危机的能力下降，更容易成为全球性经济动荡的受害者。但是，上述问题并未改变第三产业成为城市经济结构中主导产业的发展趋势。

目前，越来越多的管理者意识到，经济结构的均衡性和多样性是世界城市经济转型的重要发展方向，例如，类似于慕尼黑这样的产业结构较为均衡的复合型城市，具有更强抵御外部风险的能力。全球化在为城市发展带来动力的同时，也正在使世界城市变得日益分裂和不平等。

## 本章参考文献

1. 安东尼·奥罗姆. 城市的世界——对地点的比较分析和历史分析［M］. 上海：世界出版集团和上海人民出版社，2005.

2. 保罗·贝尔琴，戴维·艾萨克，吉姆·陈. 全球视角中的城市经济［M］. 长春：吉林人民出版社，2011.

3. 彼得·纽曼，安迪·索恩利. 规划世界城市——全球化与城

① 彼得·纽曼，安迪·索恩利. 规划世界城市——全球化与城市政治［M］. 上海：上海人民出版社，2012.

市政治［M］. 上海：上海人民出版社，2012.

4. 理查德·P. 格林，詹姆斯·B. 皮克. 城市地理学［M］. 北京：商务印书馆，2011.

5. 尼尔·博任纳. 城市化的观点［J］. 国际城市规划，2016（1）.

6. 傅崇兰. 城市史话［M］. 北京：社会科学文献出版社，2011.

7. 陆军. 世界城市研究——兼与北京比较［M］. 北京：中国社会科学出版社，2011.

8. 马永俊，胡希军. 城镇群的共生发展研究——以浙中金华城镇群为例［J］. 经济地理，2006（3）.

9. 屠启宇. 国际城市发展报告 2012［M］. 北京：社会科学文献出版社，2012.

10. 王亚平. 中世纪的远程贸易和德国城市的兴起［J］. 历史研究，1993（5）.

11. 汪亮. 国际贸易中心城市崛起的经验与启示［J］. 城市观察，2011（4）.

12. 谢文蕙，邓卫. 城市经济学［M］. 北京：清华大学出版社，2008.

13. 杨家文. 信息时代城市结构变迁的思考［J］. 城市发展研究，1999（4）.

14. 姚为群. 全球城市的经济成因［M］. 上海：上海人民出版社，2003.

15. 张冠增. 16~18 世纪大西洋沿岸城市的崛起与新型国际贸易的形成［J］. 上海铁道大学学报，2000（7）.

16. 张旭亮，宁越敏. 长三角城市群城市经济联系及国际化空间发展战略［J］. 经济地理，2011（3）.

17. 邹一清. 古蜀与美索不达米亚城市演进中对外贸易作用之比较［J］. 中华文化论坛，2004（1）.

# 第三章　对城市生命周期的一般认识

城市是人类文明发展到一定阶段的产物，纵观全球城市发展史，可以发现城市各有其生命周期，会不断经历兴起、发展、繁荣、衰退，或再度繁荣的过程。从早期文明社会的美索不达米亚、印度和中国等地的宗教性城市，到古典时代希腊和罗马作为帝国中心的世界大都市，到后古典时代伊斯兰世界的宗教性世界城市和中国的中央王权城市，到文艺复兴时期欧洲的威尼斯等商业城市，再到近代的伦敦和纽约等工业城市，直至今天的洛杉矶等后工业城市及东亚地区城市的再度崛起，可以说，全球城市史就是全球经济史的一个缩影，就是不同地区城市的兴衰更替史，也是一部世界文明史，不同城市不断经历着生命周期中的潮起潮落。

国内外城市发展的实践也表明，城市在某个时期或者某几个时期由于外部力量的推动可能获得较快发展，但不会无限期维持高速增长势头，到一定阶段必定会减慢发展速度，周而复始。如何防止城市步入衰退，使城市能够保持长期的繁荣与健康发展，是城市管理者面临的重要课题。

## 3.1　什么是城市的生命周期?

城市生命周期是指城市有如生物有机体一样会经历出生、发育、繁荣、衰落等不同的发展阶段。城市要素在城市各个发展阶段，即城市生命周期中会有不同的表现，可作为城市产生、发展不同阶段的标志。城市的生命周期由构成城市产生、发展各个要素的生命周期叠加构成，当城市以一种要素为发展的主要支撑时，城市的发展周期就同步于该要素的兴衰周期。由于在各个发展时期的主导因素一般而言不同，因此城市的发展呈现螺旋上升的态势，在历史的长河中不断经历“出生—发育—繁荣—衰落”的“S”形周期。然而，如果在发展过程中没有出现替代者，城市就会随着要素的“倒U”形发展趋于衰退①。

美国学者乔尔·科特金反思全球城市文明史后认为，任何城市的产生、发展、繁荣都需要同时具备3个条件：认同、安全、活力。也就是说，人们对一个城市与地区能否形成深层次的精神归属感、文化认同感，人们能否对在一个城市的生产、生活产生全方位的安全感，以及一个城市能否形成并留住有活力的工业、商业等经济活动，这3个因素综合决定了城市的成败兴衰。如果一个城市能够同时具备认同、安全、活力这3个因素，那么这个城市就会发展起来并有可能走向繁荣；如果和其他城市相比，一个城市在这3个方面具有综合比较优势，就有可能成为其所处时代或地区的标志性城市或重要发展极；如果一个城市缺少其中的某个因素，或3个因素都具有但相对其他城市而言没有比较优势，那么这个城市就有可能进入衰退期，甚至走向消亡；如果一个传统城市能够适应时代要求，再次在认同、安全、活力上具有比较优势，那么这个城市就会再度

① 宋飏，王士君，王雪微，等. 矿业城市生命周期与空间结构演进规律研究［J］. 人文地理，2012（5）：54-61.

繁荣。

实际上，城市是生产力发展到一定阶段的产物，城市化背后的推动力量是工业化，因此，城市人口规模的变化正是城市经济发展的表现，城市化的发展周期正是工业化周期在城市发展过程中的反映与表现。美国学者路易斯·萨杰维拉将以下两个因素作为城市产生、发展等不同阶段的标志：（1）城市经济，包括人口发展的总趋势、迁移人口状态、劳动力市场总特征、部门就业分配状况，以及城市间工业区位选择；（2）城市工业，包括工业总体特征（就业、规模经济、投入因素密集程度、专业化和多元化特征等）、企业特征（包括所有制、编制类型、组织综合体、产品导向等）、空间因素（包括区位导向、市场区、资本和投资来源、聚集经济、空间投入与供给联系、地方性乘数效应、基础结构需求等）。这些因素在城市各个发展阶段的不同表现构成了城市生命周期。

霍尔的城市发展阶段理论被多数西方学者采用，西方城市化的过程也验证了该理论的前瞻性。其主要观点为：城市发展的生命周期特点令其“从‘年轻的’增长阶段发展到‘年老的’稳定和衰落阶段，然后进入到下一个新的发展周期”；城市发展可分为 4 个阶段：城市化、郊区化、逆城市化和再城市化。

盖伊尔和康图利的差异城市化理论也得到了很多人的拥护，通过引入极化逆转理论，差异城市化理论将城市分为大城市、中等城市和小城市 3 类，并认为大、中、小城市的人口净迁移量的大小随时间变化而变化：第一个阶段是大城市阶段，即“城市化阶段”，在这个阶段里，大多数移民往大城市集中，大城市人口增长速度最快；第二个阶段是过渡阶段，即“极化逆转阶段”，在这个阶段里，中等城市由迁移引起的人口增长率高于大城市；第三个阶段是逆城市化阶段，在这个阶段，小城市的人口迁移增长速度会超过中等城市的迁移增长速度。在完成上述3个阶段后，迁移人口会再次往大城市集中。

城市经历其生命周期的过程，从整体上构成了城市繁荣区在全球不同地域间的历史性转换过程。从表面上看，全球城市的繁荣区似乎在东西方之间不断进行着阶段性转换；从本质上看，城市繁荣区在东西方之间转换，更多带有历史的偶然性。城市生命周期的内涵是人类社会从农耕文明、商业文明、工业文明到后工业文明的历史性转换过程，是城市文明形态从农业城市、商业城市、工业城市，再到后工业城市的历史性转换过程。如果将上面提到的科特金理论中的“活力”看成城市的竞争力，那么这种竞争力则包括经济活力、自然资源、基础设施、人力资源和制度。西方城市经济理论表明，城市发展的主要原动力是城市经济的空间集聚效应，而城市空间集聚效应的主要内容之一是劳动力市场的规模和整合①。城市人口增长（从而就业人口增长）是城市复兴和繁荣的必要条件，因此可以用城市人口规模的变化来展示城市正处于生命周期的哪个阶段。然而，这种度量方法只适用于人口在国内可以自由流动的国家，考虑到中国户籍制度的实际情况，这一衡量指标并不十分适用于中国。

## 3.2 对城市生命周期的理论解释

城市生命周期折射了人类的文明发展史和经济发展史，为之着

① 张芸，梁进社，李育华．产业集聚对大都市区空间结构演变的影响机制——以北京大都市区为例［J］．地域研究与开发，2009，28（5）：6-11.

迷的众多学者就此议题进行了大量的研究。一般认为，在世界市场形成之前的城市，其兴衰取决于地理区位、自然环境、自然灾害和交通等因素；但是在世界市场形成后，城市的兴衰主要与产品生命周期和资源要素密集度变化紧密相关。例如，在19世纪，商品的运输成本非常高，像美国纽约和英国利物浦等拥有良好运输网络的城市就具有很大竞争优势；但是，今天全球商品和人员的流动成本已经降得很低，交通便利不会再带来太大竞争优势，因此英国利物浦的地位相较以前有所下降。

### 3.2.1　产品生命周期的解释

产品生命周期理论是第二次世界大战后最有影响力的国际贸易理论之一，同时也对国际投资进行了很好的解释。该理论侧重从技术创新、技术进步和技术传播角度来分析国际贸易和国际投资产生的条件，同时，也可以从特定角度解释城市的生命周期。

产品生命周期的概念最初来自市场营销学，指产品与有生命的事物一样会经历生产的投入、成长、成熟、衰退等时期，并最终归于消亡。美国经济学家弗农提出并发展了产品生命周期理论，从产品生产的技术变化角度出发，分析了产品的生命周期及对贸易和投资格局的影响，认为制成品具有生命周期，会先后经历创新期、成长期、成熟期、标准化期和衰亡期5个不同的阶段，从而使国际贸易中的比较利益从静态发展成动态。弗农认为具体的产品生命周期指产品的市场寿命长短，即一种新产品从开始进入市场到被市场淘汰的整个过程，这个周期在不同技术水平国家间的起始时间和发展过程不一样，其间存在较大的差异，表现为不同国家间的技术及市场竞争地位的差异，并最终决定了国际贸易和国际投资的变化和方向。

弗农认为，产品生命周期的第一个阶段发生在美国，因为美国具有强大的科研力量、充足的科研经费、高水平的生产厂家，以及国人爱好新产品、市场广大等特点。从供给方面讲，创新大多在美国出现，美国厂商对创新产品有市场垄断力。第二阶段，外国开始模仿生产该种产品，因为模仿国在劳动成本方面有优势，美国产品的竞争力开始下降，美国产品在模仿国的市场份额下降，美国出口下降。第三阶段，外国模仿者以低成本为基础开始向第三国出口该产品，而美国对于该产品的垄断力逐渐丧失，出口规模大幅度下降，模仿国的产品在第三国市场上取代了美国产品的地位。第四阶段，外国产品进入美国市场，美国对于这种不再有创新特征的商品，开始从出口国转变为进口国。上述 4 个阶段结束后，该商品在美国完成了自己的生命周期，而由于模仿国具有“后发优势”，该产品在模仿国开始进入自己的新生命周期。上述过程就像接力跑中接力棒的传递过程一样。

产品生命周期理论考察了比较利益如何从一个国家转移到另一个国家的过程，同时，这个理论也揭示了一种产品在产品生命周期的不同阶段有不同的要素密集度特征，例如在生命周期的第一阶段要求有大量的研发投入，第二阶段则要求有大量的资金投入，第三阶段要求有大量的劳动投入，等等。这对相对落后的国家在国际分工中确定自己的地位和参与全球分工体系具有指导意义，令这些国家注重在发展过程中进行生产结构的升级和改造，同时不断关注本国要素资源的优势变化以应对新的挑战。

在以商品贸易为主的时代中，产品市场的生命周期对城市的发展周期产生了难以磨灭的影响。比较优势本身是分工的结果，同时决定了分工比自给自足的效果更好。贸易促进了城市之间的产业分工，这意味着资源将在更广泛的地理区域，甚至全球范围内进行有效配置，这种配置方式反过来又加快了城市生命周期的演化速度，世界变平了，城市在加速发展或消亡。

城市之间产业分工的好处是城市得到了发展，坏处是城市的生命周期会随着产业生命周期的变化而发生更替。因此，什么样的经济结构或者产业结构更有生命力，更有抵御风险的能力？一个明显的答案是，应该有数个处于产品生命周期不同阶段的产业来确保城市经济发展的稳定性。

很多人把底特律的衰败归结于美国汽车工业的衰落。若只是产业结构问题并不会让一个城市趋向消亡。世界上有很多城市都经历过产业转型的阵痛，尤其是资源型城市或者单一产业型城市，比如英国的利物浦和格拉斯哥、德国鲁尔区等。这些城市最终都通过找到新的地方经济支柱而焕发生机。一个城市的发展仅仅依赖单一产业或少数几个大公司确实是非常危险的。成功的城市应该具有以下因素：高质量的人才储备、大量真正有活力的公司，以及“与世界紧密相连”。美国的西雅图曾经是“波音”的城市，就像底特律是“通用”的城市一样。但西雅图对波音公司的依赖度不大，航空工业领域受过良好教育的技术人员也有能力快速适应经济转型；而汽车工业对劳动力素质的要求相对而言并不很高，致使底特律人才储备不足，很难在国际金融危机的影响下快速转型。当然，底特律走向衰败还有种族矛盾的原因，20 世纪 60 年代，底特律是黑人民权运动时期的焦点城市之一，1967年底特律爆发了种族大骚乱，此后连续经历了40多年的人口流失，常年的种族矛盾吞噬了底特律的活力。

中小城市的支柱产业更单一，因此，中小城市的生命周期和产品生命周期的关系更为密切，例如美国中西部众多城市在第二次世界大战后的兴衰表现就是明证。第二次世界大战结束后，随着西欧经济的重建、日本经济的崛起和亚洲四小龙的成长，美国的产业结构逐渐发生改变，集中在美国东北部地区和中西部城市的传统工业带发展缓慢，举步艰难，被人们戏称为“冰雪带”（Snow Belt）或“铁锈带”（Rust Belt），而硅谷等拥有高科技产业的地区则被称为“阳光带”（Sun Belt），二者形成鲜明的对比。上面提到的底特律是“铁锈带”的典型城市，它曾经是美国最大的汽车生产中心，随着美国汽车产业链的转移和美国新型高科技产业在东西海岸的崛起，该市经济不断衰退，人口规模不断下降，并在2007年的次贷危机中遭受重创。

诺贝尔奖获得者、经济学家克鲁格曼和另一位经济学者布鲁兹曾建立过一个技术与城市生命周期的经济动力学模型，即假设在一个技术时期内有基于当地经验的稳定的“学习”，然后引入一个与原有经验无关的偶然主要技术因子。该模型的基本结论是，生产力会随生产经验的获得而逐渐提高，但提高速度缓慢并会达到极限。因为长期运用一项技术令其趋于成熟，会导致没有机会继续学习并获得新经验。如果引入的新技术代表新产品，并且简单假设新产品比旧产品更适用，那么使用这种新技术积累的经验与旧有经验无关。假设新技术有潜在优势，虽然新技术起初的市场表现劣于老技术，但它对于人口较少、房租较低和交通费用较低的城市却很适合发展。

由于老技术的市场表现暂时比新技术好，因此生产者不会着急使用新技术进行生产。这时区域内就会出现一个新中心，并逐渐成长，它会利用新技术带来的竞争优势与老中心展开竞争，人口将在两个城市间流动以追求个人福利最大化。随着时间的推移，工人通过在两地学习从而使生产力提高。假如老技术足够成熟，老中心的技术进步将更加缓慢。最后随着时间推移，老中心将会衰退，新中心将会崛起。

### 3.2.2　资源密集度变化的解释

继贸易城市和工业城市的出现，在工业革命后又出现了大量的资源型城市。资源型城市依托资源的开发而兴建或发展，其建立的基础是资源，例如森林、有色冶金、石油等，其主导产业一般是围绕资源开发而建立的采掘业和初级加工业。要素密集度的变化对资源型城市有重要影响，资源型城市的生命周期也因为产品单一而更容易被观察到。

资源型城市伴随自然资源的开发而兴起，或在其发展过程中因资源的开发而再度繁荣，例如中国的大庆因石油而兴起，大同因煤矿而发展，铜陵则得益于铜矿的挖掘而建立。这些城市或者“先矿后城”式发展，如大庆、金昌、攀枝花和克拉玛依等；或者“先城后矿”式发展，如大同、邯郸等。那么，城市在资源型产业占多大比重时才属于资源型城市？对这个问题，虽然都认为资源型产业在城市经济中应当占较大份额，但具体数值是多少，不同学者有不同的看法。当采用较严格的标准时，有学者从工业产值的角度看，认为划分标准是第二产业以资源初级开发为主并能够占到工业总产值的50%以上，同时工业产值结构中初级产品占绝对优势；还有学者从就业的角度看，认为划分标准是有40%以上人口以直接或间接方式从事同种资源的开发、生产和经营活动。从相对宽泛的角度看，有学者认为如果一个城市的采掘业占工业总产值的比重超过10%，同时采掘业从业人数占城市全部从业人数5%以上，就可以称其为资源型城市。

资源型城市的立城之本是资源，因此它的发展深受资源生命周期的影响，随着资源（要素）密集度的变化，资源型城市相应形成了自身的发展周期，一般分为形成期、成长期、成熟期、转型期（新生期或衰退期）。下面以“先矿后城”式资源型城市为例，来说明这一生命周期过程。

第一阶段是资源型城市的形成期。在资源开采最初的相当长一段时间内，该地区从一个资源蕴藏地转变为低度资源开发地区，但它能否转化为资源型城市要受资源赋存、技术水平、制度设计等因素的综合影响，因此在这个阶段资源型城市并未产生。如果资源赋存丰富，当资源开发达到一定规模时，在制度层面上政府会进行与城市相关的规划，那么这时该地区就会从一个低度资源开发区转化为城市，从而资源型城市兴起。在这个阶段，推动该地区经济发展的主要因素包括对矿藏储量、品位、地层条件的详细勘探，开采方案的制定与选择，城市发展规划及城市基础设施和服务设施的建设等。对中国而言，已知的各种矿产的探明储量主要集中在边远地区，因此中国资源型城市的空间分布一般会偏离经济发达地区和中心城市。在这一时期，城市的发展水平依赖于资源开发，城市产业单一，企业数量不多。

第二阶段是资源型城市的成长期。在这个阶段，资源开发已到了一定程度，正逐渐进入鼎盛期，资源型城市也随之得到发展并进入成长期。这时，该地区的资源勘探工作已经基本结束，项目全面投产并且生产达到了原定的设计规模，此时也是资源型产业的发展时期。随着资源开发规模的不断扩大，城市规模也在不断扩大，资源开发和城市发展呈同步上升之势。在这个时期，资源型城市开始集聚大量的人力、物力和财力，大量外部资金着眼于未来的发展和利润也会不断涌入，促使资源型城市成为该区域的增长点。

第三阶段是资源型城市的成熟期。这时资源开发已进入鼎盛阶段的中后期，资源型城市的发展也随之进入成熟时期，也是最辉煌的阶段，城市的规模扩张逐渐稳定，支柱产业的发展一般在一定的规模上平稳进行。“先矿后城”的类型决定了城市发展滞后于资源开发，所以在资源开发刚步入衰退期时，城市还会维持一段时期的繁荣景象。通过对资源型产业和资源型城市发展经验的总结，人们发现这一时期也是中国资源型城市开始转型的主要时期。

第四阶段是资源型城市的转型期。在这个时期，城市的主导资源不断减少，直至枯竭，资源型城市必须进行转型。资源的枯竭主要指以下 3 种情况：资源已经枯竭或基本枯竭、资源濒临枯竭、虽有一定储量但因开采成本过高而不具备经济效益。这时，相关城市有两种可能的发展趋势。第一种是城市借此进入了新生期。然而，是否能够顺利进入新生期，取决于管理者在资源型城市兴起和繁荣时期，是否引导城市的各主体力量对社会变迁过程进行了设计，是否为资源枯竭期制定了有效的强制性变迁补救措施。第二种是城市进入衰退期。出现这种情况是因为在资源开发鼎盛阶段，城市管理者没有很好地规划主导资源衰退时的接续产业。进入资源枯竭阶段后，如果资源型城市没有发展接续产业，就会随原有资源的枯竭而步入长期衰退中。进入衰退期的城市会出现大量失业人员，社会问题突出，人口开始流失。如何帮助进入衰退期的资源型城市重新获得新生，这是世界各国都关注的难题。

中国资源城市的基本特征主要体现在 3 个方面。第一，城市的经济结构单一、产业结构单一、就业结构单一、所有制结构单一、企业规模结构单一。第二，城市的形成具有突发性，城市的布局具有分散性。例如，河南的平顶山原来没有人烟，1953 年因为发现煤矿，政府为了开发煤矿而在 1957 年设立了平顶山市，类似的煤炭资源城市还有 1960 年设立的安徽淮北市、1961 年设立的内蒙古乌海市；大庆在油田开发之前是荒地，白银在开采铜矿之前是只有几户人家的小村子，四川攀枝花市的出现也与之类似。第三，这些城市的公共服务有两套并存的体系：一套是依托少数几个大型资源型企业而形成的公共服务体系；另一套是城市建立之后设立的公共服务体系。很多城市的大型资源型企业和城市是共同的利益主体。在随后的发展过程中，中国资源型城市的发展出现了问题，比如构成城市经济主体的资源型企业效益出现下降、城市经济发展缓慢或衰退、失业人员增多，以及生态环境破坏严重（土地塌陷、固体废弃物乱堆放和水资源污染）等，很多城市由于地理区位不佳、基础设施差及缺乏新的产业增长点而无法顺利进入新生期。

纵观那些较早进入工业化的国家，在面对城市的转型问题时，采取的措施主要有两类。第一类措施主要通过拓宽资源开发领域来拉长产业链条，从而实现城市产业结构的多元化，例如美国石油城市休斯敦就根据自身特色和在美国城市体系中的功能定位来选择发展其他产业，在 20 世纪 60 年代成功地从石油城转变为航天城。以类似措施进入城市新生期的案例还有很多，例如日本九州从煤炭区转变为高新技术产业区，抚顺从煤都转变为石化城市，淮北利用塌陷地养鱼，焦作利用塌陷地种花，等等。第二类措施主要通过大力发展以贸易为核心的第三产业来让城市步入新生期，例如德国鲁尔区的多特蒙德市。

### 3.2.3　经济长波理论的解释

在痴迷于解决城市转型问题的同时，学者们也对城市周期发展的波动性问题进行了研究，其中有一种长波理论对城市周期发展的波动性问题给出了合理解释。

从历史发展角度来看，世界经济的总趋势是增长和发展，但这是在波动中前进的增长和发展，这种波动既包括规律性的波动即经济周期，也包括非规律性的波动即外部冲击。从时间跨度的角度来看，经济周期一般可以划分为 3 种类型：长周期即长波，也称康德拉季耶夫周期（Kondratieff Cycle），其时间跨度为 40～70 年，平均时长为 50 年左右；中周期即设备投资周期，也称朱格拉周期（Juglar Cycle），经济从繁荣到繁荣或从衰退到衰退的时长为 7～12 年，平均为 10 年左右；短周期即库存周期，也叫基钦周期（Kitchin Cycle），平均时长为 40 个月左右，即 3～4 年。在长周期中，经济增长表现为高增长与低增长的交替；在中周期和短周期中，经济增长表现为正增长和负增长的交替，相应包括了高涨阶段与衰退阶段。

长波理论即经济周期相关理论中的经济增长长周期理论，是西方经济学家用来分析经济长期增长的一个重要理论，自 20 世纪 70 年代以来，该理论已经成为研究工业化国家经济萧条问题的主要理论。从历史上的经济长周期波动角度来看，长波的每一次起伏均与主导产业群的变迁直接关联，每一次革命性的技术突破都意味着以新产业为主导的全球经济新格局开始形成和开启新一轮的经济长波增长。在这个过程中，主导产业群交替演进，相互更替，产业发展也呈现周期性变化。城市经济是世界经济的一部分，自然也受经济发展的长周期所制约，呈现出一定的周期性。

城市经济会随产业群的转化而发生转换，意味着城市发展也存在周期循环，因此经济周期同样也是城市发展周期的一部分。产业周期与城市生命周期之间存在着较为一致的关系。这种关系被西方国家工业化的进程所印证。

如表 3-1 所示，近代资本主义工业城市产生后，西方发达国家的城市分别经历了 1760—1830 年、1831—1880 年、1881—1945 年、1946—1990 年，以及 1991 年后的 5 个发展时期，这 5 个城市的大发展时期和康德拉季耶夫周期（经济长周期）相吻合。

从表 3-1 中长周期各个阶段所具有的经济特征可以看出，发达国家已经进入第五个长周期中，而中国则处于从第三个长周期向第四个长周期发展的过程中，城市化率不断提高，服务业比重不断加大，航空航天、人工智能、新石化和新交通运输等产业正在成为主导产业，甚至在第五个长周期中占主导地位的信息、纳米、生物和新能源等产业也正在逐渐成为中国的主导产业群。

**表 3-1　经济长波与城市生命周期发展**

| | 第一个长波 | 第二个长波 | 第三个长波 | 第四个长波 | 第五个长波 |
|---|---|---|---|---|---|
| | 1760—1830 年 | 1831—1880 年 | 1881—1945 年 | 1946—1990 年 | 1991— |
| 技术创新 | 飞梭、炼铁、珍妮纺织机 | 实用蒸汽机、蒸汽火车 | 发电机、炸药、电灯照明、内燃机、电话、汽车 | 光电显示管、计算机、人造卫星 | 核电站、大规模集成电路和单芯片微机、互联网 |
| 主导产业 | 纺织、冶金、煤炭 | 钢铁、机器制造、交通运输 | 化学工业、电信业、汽车、石油 | 航空航天、人工智能、新石化、新交通运输 | 信息产业、纳米产业、生物产业、新能源 |
| 城市产业结构 | 农业部门占主导地位、制造业比重上升 | 制造业比重上升、农业比重下降 | 制造业占主导地位、服务业比重加大 | 制造业地位下降、服务业为主 | 新经济、文化产业地位上升 |
| 城市化 | 期末城市化水平为 6%左右 | 期末城市化水平为 13%左右 | 期末城市化水平为 25%左右 | 期末城市化水平为 44%左右 | 世界城市化率继续提高 |
| 世界中心城市 | 英国伦敦 | 美国经济起飞；伦敦的地位开始被纽约取代 | 纽约、伦敦 | 纽约、伦敦、东京 | 纽约、伦敦、东京三足鼎立格局受到挑战；大批国际城市崛起；中国经济起飞 |

资料来源：李彦军. 产业长波、城市生命周期与城市转型 [J]. 发展研究，2009（11）：4-8.

从本质上讲，城市生命周期实际上是城市中的主导产业群自身周期的变化，当主导产业群由资源密集度决定时就表现为资源型城市的生命周期。要想保持平稳发展，城市就要关注自身主导产业的发展，主动规避产业周期的负面影响。城市管理者需要制定相应的政策为城市转型创造条件，促进其实现产业的升级与转换，从而完成城市的转型。城市转型的目的是让城市摆脱发展中的衰落困境，通过主动转型来迎接产业的更替与升级，及早培植主导产业，使城市保持平稳且可持续的发展，最终使人们享有更高品质的生活。因此，城市转型作为城市发展进程及方向的重大变化与调整阶段，包含经济转型与社会转型两方面内容。

## 3.3 历史：美索不达米亚文明及其城市

在城市的发展过程中，当它步入转型期时，尤其是当资源型城市面临转型时，城市想要顺利进入发展新生期就需要建立新的主导产业。西方发达国家工业城市的发展历史表明，它们主要通过两种方式来实现这种转型，其中一种就是大力发展以贸易为核心的第三产业。

在城市本身的发展历史中，追溯到遥远的古代，在商业中介从手工业者中分离出来后，通过商品交换集市发展起来的城郭就是贸易城市的雏形。在 15 世纪到 17 世纪的大航海时代，许多贸易城市由于地理大发现而发展起来，当时欧洲的船队出现在世界各处的海洋上，寻找新的贸易路线和贸易伙伴，发现了许多当时不为欧洲人所知的国家与地区，一些当年的贸易城市最后发展为今天的世界城市。因此，有必要了解贸易尤其是国际贸易在城市周期发展中的作用。

以美索不达米亚文明为例。美索不达米亚文明是对早在公元前 4000 年即已存在于底格里斯河和幼发拉底河流域文明的称呼，它经历了 3 个发展阶段。这一文明过去曾被称为巴比伦文明或巴比伦-亚述文明，后来人们发现其创立者既不是巴比伦人也不是亚述人，而是更早的定居于两河流域下游的苏美尔民族。

苏美尔人起源何处学术界尚不清楚，据猜测来自中亚和西亚高原。他们的语言与迄今所知的任何语言都没有关系，他们的文化与印度的古文化有些相似。苏美尔人在这个地区所建立的帝国在公元前 21 世纪被埃兰人吞并，公元前 1950 年左右又被一支闪（米特）族人吞并。这支闪族人将当时的巴比伦村确立为首都，因此他们也被称为巴比伦人或古巴比伦人。古巴比伦人在该地区兴起，建立了专制国家，同时大部分苏美尔人的文化得以保留，这意味着两河流域的文明进入了第二个重要发展阶段。

古巴比伦人在其汉穆拉比国王执政期间将疆域扩张到亚述，之后国力逐渐衰落，在公元前 1650 年前后被喀西特人征服。但两河流域的文明并未由喀西特人继承，而是由两河流域北部地区的亚述人部分继承了。公元前 1300 年前后，亚述人崛起，控制了整个两河流域的北部地区，这标志着美索不达米亚文明进入了第三个发展阶段。

到公元前 8 至公元前 7 世纪时，亚述人帝国的版图几乎包括了临近地区的所有文明，然而好景不长，因亚述人擅长打仗却不擅长治理，故被居住在两河流域东南方的闪族人——迦勒底人起义推翻。迦勒底人被称为新巴比伦人，这一时期也被称为新巴比伦时期。但依旧是好景不长，新巴比伦在公元前 539 年被波斯帝国的居鲁士大帝推翻了。波斯帝国将原先属于美索不达米亚各帝国的全部疆土揽入怀中，该地区从此被融入了与其原先文化不同的波斯文化中。这意味着美索不达米亚政治史的终结，也意味着迦勒底时期是美索不达米亚文明的最后阶段。

与古埃及文明相比，美索不达米亚文明有很大不同，一些考古学家认为，即便这两支文明是平行发展的，古埃及文明也受到了美索不达米亚文明的很大影响，这样的例证很多，除了圆筒形印章的使用和建筑结构方法外，最重要的就是古埃及文明中的文字包含了美索不达米亚文字体系的一部分。

这两支文明都大致起源于新月沃范围中土地肥沃且适宜农耕的地区。新月沃地区是指从波斯湾向西北延伸，然后沿地中海海岸几乎到达埃及，环阿拉伯沙漠北部边缘形成的一个半圆形地区。这个地区的文明在其他大多数地区还处于蒙昧状态时就已经达到空前的高度。在探究文明为何最早出现于该地区的过程中，有学者认为地理是其中最重要的因素。底格里斯河、幼发拉底河和尼罗河的共同点是：带来了一片面积有限但肥沃的冲积平原，为人口大量繁衍提供了高产的土地、充足的粮食；平原周围是沙漠、峡谷、深沟或悬崖，致使人口无法随意分散到平原之外更广阔的土地上，这样的地理特征反而有利于居民们交流思想，交易彼此生产的产品并逐渐形成有组织的社会结构；河流为地理距离相对遥远的内陆居民提供了便利的运输渠道，使国家和城邦之间的产品交换和贸易得以顺利进行。

在考古出土的数以万计的美索不达米亚的楔形文字泥板文书中记载了大量的信息，大多数与人们的商业贸易有关，最早的贸易细节可以追溯到公元前3300年前后。根据这些泥板文书的记载，当时美索不达米亚诸城的对外贸易范围已涵盖地中海的东岸、埃及和阿拉伯半岛，并曾经通过武力在这些地区建立了类似殖民地的贸易据点。

美索不达米亚文明时期，剩余产品的出现和对其他物资的需求，使得当时的城市对贸易非常依赖，贸易维持了城市中农业、加工业、建筑业等行业的发展，也维持了城市的生存与发展。当时美索不达米亚诸域和周围各国都有兴旺的贸易往来，主要是用诸城自身出产的金属和原木来交换下游地区的农产品和其他物品。比如克里特岛、腓尼基、巴勒斯坦、叙利亚向埃及出口金、银、象牙和木材，并进口小麦、麻布和优质陶器。

在美索不达米亚文明期间，从地中海东岸欧亚非三大洲的相连处向东延伸到印度和中国的广大地区是世界贸易最集中、最频繁的地区，其中，当时最重要的贸易路线是从爱琴海到埃及的南北贸易路线。美索不达米亚诸城几乎都建立在国际贸易交通线上，处于这些地区国际贸易中心的位置，其存续期从公元前 4000 年到公元前 400 年，是当时沿着地中海东岸航行的水路及由土耳其经叙利亚南下的陆路上的重要贸易中转站。考古证据表明，在著名的可以一直延伸到古蜀成都的印度—爱琴海贸易路线上，从东到西依次耸立在幼发拉底河畔的城市有埃利都、乌尔、乌鲁克和巴比伦等，依次耸立在底格里斯河畔的城市有吉尔苏、尼普尔、摩苏尔和尼尼微等①，它们都是该贸易路线上的重要交通枢纽。

考古还发现，早期沿同一条河流建起的美索不达米亚诸城市之间的间距均为 12.5 公里左右。这些沿着贸易路线几乎等距排列的城市能够满足货物长途贩运的需要，可以长期充当货物储存点、中转站、销售处，可以长期为来往商人提供食宿补给、交通工具、修理

① 邹一清. 古蜀与美索不达米亚城市演进中对外贸易作用之比较 [J]. 中华文化论坛，2004 (1)：147-152.

工具。这些等距排列的城市表明其兴起的原因是因为贸易，最早因贸易运输需求而形成聚落，后来通过聚集和辐射效应演变，不断发展成大小不一的城市。考古发现，美索不达米亚诸城市都有清楚的城市布局规划，包括王族的宫殿区、祭司的宗教区和拥挤的商业区。

对外贸易促使美索不达米亚出现了世界上最早的城市，并推动了城市文明的建设，包括城市建设、政治制度建设、经济体系建设等方面。贸易促进了文字、私有制、法律的产生和发展。从美索不达米亚出土的物品中包括大量印章和泥板文书，内容涉及商贸谚语、商贸税率、数以千计的贸易契约等。在世界上最早的成文法典——乌尔纳姆法典和最著名的汉穆拉比法典中，都包含有大量针对贸易纠纷而制定的条文。对外贸易造就了一大批商人，他们构成了城市中最庞大且有活力的商人阶层。商人阶层在创造城市经济繁荣的同时，也对政治和社会地位提出了要求。因此，在两河流域的文明中，对外贸易是影响城市政治和经济制度建设的重要因素。对外贸易的自由性和国际交往的开放性，同时促进了城市政治体制的民主性建设。

从古代开始，对外贸易就在城市经济中起到了重要的作用。贸易的需求促成了两河流域城市的发展，诸城的形成有赖于对外贸易，发展同样也有赖于对外贸易。贸易需求促成了运输线上的聚落发展成城市，使城市更发达并出现明显的功能区划。然而，由于城市形成的原因各不相同，因此其功能会有差异，对外贸易在其中所起的作用也就不同，并使各个城市最终走向不同的发展道路。

## 3.4　城市变迁和贸易

### 3.4.1　工业革命前

美索不达米亚文明的历史表明，对外贸易是关乎其众多城市生死存亡的重要因素，渗入了城市的政治制度建设和文化发展领域。对外贸易是古代城市发展的最大机遇，尽管在其他文明地区的发展中，对外贸易在城市演进中所起的作用与两河流域的有所不同。

对外贸易在不同文明地区对城市所起作用的大小，取决于文明地区所处的地理环境和所属的经济类型。国际贸易路线上的枢纽城市，自然资源往往较为单一，很难通过与邻近地区形成产业互补经济来构成功能较齐全的城市体系，因而对国际贸易的依赖度很大。对这些城市来说，对外贸易自然成为城市经济的生命线，对城市的演进和产生起着巨大的作用。然而，对于那些因自然资源丰富而兴起，因对外贸易而得到进一步发展的城市来说，由于和相邻地区较易形成产业互补城市体系，因此对外贸易对城市演进的影响和作用相对就较小。

此外，城市兴起的原因不同，命运也随之不同，例如以政治为主导的城市随政权的兴衰而致使其经济起伏不定，以军事为主导的城市随军事地位的升降而致使人口数量涨落不一，以工业为主导的城市随产业的更替而兴衰，以商贸为主导的城市随贸易路线的改变而存亡……城市的兴衰与其拥有的要素资源直接相关，也与其在商贸网络中的地位紧密相连。例如，当政治城市和军事城市走向衰落时，如果地处贸易要道或者拥有特定的经济资源，那么它就能较为容易、顺利地转变为工商业城市。

很多工商业城市在形成过程中，对外贸易起初并没有发挥太大的作用。但随着城市经济的发展，所需要的经济资源越来越多，生产出来的产品也越来越多，这就促进了对外贸易的发展。于是对外贸易在城市经济中所起的作用越来越大，逐渐成为城市经济赖以发展的重要因素。例如，据史料记载，成都形成于公元前 1300 年，与中原和南中等地有广泛的贸易联系，与南亚和西亚等地也有贸易往来，并凭借对外贸易地位而获得强大的内在发展动力，这种动力历经政权和朝代的更迭而不消失。由对外贸易而形成的城市网络体系对四川盆地及周边地区的经济、文化发展起到了巨大的组织、协调和推动作用。

在工业革命之前，尽管城市贸易受到所在地区政治、经济、外交条件的严格制约，但影响城市贸易的主要原因是贸易路线的改变。贸易路线的改变通常由交通运输方式的变化所引起，沿线的贸易会随之兴衰，沿线的城市也会随之沉浮。在古代，最大的贸易路线改变是航道改变，这或许是因为自然环境的变化所引起，或许是因为航运技术的发展使人们得以开辟新的航线。例如，考古表明，原本在幼发拉底河河畔的著名贸易城市尼普尔，就因为幼发拉底河逐渐西移而步入衰退。再如，公元 15 世纪欧洲进入了大航海时代，主要的贸易路线从地中海沿岸转移到大西洋沿岸，意大利的威尼斯等城市的商业地位日渐下降，而葡萄牙的里斯本、西班牙的加的斯和塞维利亚、荷兰的阿姆斯特丹、英国的伦敦和利物浦、法国的波尔多和南特等城市相继成为新的贸易中心城市。同时，在新航线上也出现了一批新的城市，如葡萄牙人于 1503 年在印度西海岸建立了科钦城堡、1510 年在高尔地区建立了高尔城、1535 年在西北海岸建立了迪乌城等。

此外，城市贸易的兴衰也会因战争而改变。两河流域并存的独立城邦之间曾经频繁发生过战争，几乎每一场战争都是为了争夺贸易路线、贸易点和贸易权，战争的胜败结果会改变城市的贸易机会与权利，使得城市经济要么快速增长，要么逐渐步入衰退。

在工业革命之后，资源比较优势和产业比较优势的改变成为影响城市贸易的主要因素。

### 3.4.2 工业革命后

工业革命是城市发展的一个分水岭。工业化生产是大机器生产，马克思曾经很好地概括了资本主义生产的必要条件：要有大量剩余的劳动力。因此，资本主义的发展需要大量人口聚居在城市中，城市人口空前膨胀。剩余产品的出现也使每一个工业城市同时成为贸易城市，并且在与殖民地的经济交换中迅速成为国际性贸易城市。这些国际性贸易城市构成了早期的世界市场网络。

国内外学者们对城市、工业革命，以及工业化进程等问题进行了大量研究。经济学家阿瑟·刘易斯用二元经济理论描述了发展中国家城市发展与工业化的同步过程：如果城市的主要产业部门是工业，农村的主要产业部门是农业，那么农村的剩余劳动力就会源源不断地流向工业部门，致使城市现代工业部门不断扩张直至将剩余劳动力全部吸收，要素在产业间流动的同时实现了地域上的集中，上述过程就是城市和工业化同步发展的过程。

经济学家钱纳里利用大量统计数据对上述问题进行了实证分析，

认为在一个连续且均衡发展的国民经济中，工业化带来的贸易和需求变化会使农村人口向城市转移，从而城市发展成为这个因果链条上各类事件演化的最终结果。在有些国家和地区，工业化超前和滞后的结果很大程度上与生产和贸易格局有关。工业化程度较高的国家和地区的发展格局分为“工业导向型”或“进口替代型”，工业化程度稍低的国家和地区的发展格局分为“初级产品导向型”或“平衡增长型”。在发展过程中，工业化与城市化的联系由紧密到松散，随着人均 GDP 的提高，工业化水平越高，城市化水平也就越高，但是工业化对城市化的影响在工业化后期开始变小。

经济学家诺塞姆（Ray M. Northam）通过对城市化发展规律的研究，认为城市高速发展期大量农民会向城市转移，这是工业化推动的结果，称工业化过程；当城市发展进入成熟期后，城市经济增长趋缓，人口流动减少，城市基础设施、房地产和建筑等产业的规模相对收缩，可能导致经济泡沫出现，城市将逐步进入衰退期。

实际上，具体到每一个国家，不同的经济体制和经济基础，不同的宗教信仰和社会文化，以及不同的发展阶段和发展战略，都会造就各国城市发展的特殊国情。和发达国家早期发展相比，发展中国家的工业化和城市发展情况有很大不同。尽管中外经济发展历史证明，城市会因社会经济发展水平的提高而得到发展，城市数量也会因社会经济发展水平的提高而不断增加，可是城市为什么在工业革命后才大量兴起？

从内因角度分析，这是因为工业革命造就的大工业生产需要大量劳动力，工业生产的集中性和大规模性需要经济生活以城市为中心来展开，城市的中心地位因工业生产的规模经济和集聚经济进一步得到强化。

从外因角度分析，早期资本主义社会城市化进程几乎都包含暴力因素，是暴力运动的结果。大工业生产要求的大量工人从哪里来？如果农民们坚守在狭小土地上，那么产业工人从哪里来？为了解决上述问题，各国采取了不同的措施。例如，第一次工业革命的中心——英国出现了圈地运动，资本家以暴力手段驱赶农民使其失去赖以生存的土地，迫使农民进入城市成为产业工人；美国由于南北方经济矛盾深化，爆发了南北战争，北方工业主们把从南方棉花地里解放出的奴隶变成了北方工业经济中的廉价劳动力。不管是用什么方式使人口自愿或被迫地流入城市，工业经济都获得了飞速发展所需的工人，工业化得以顺利进行。由于工农业收入差距和收入稳定性等原因①，人口为寻求经济利益持续流向城市，最终导致不可逆转的人口和资本向城市集聚的过程。城市遍及世界实乃拜工业化所赐。

随着世界市场网络的逐渐形成和发展，在信息技术革命的推动下，城市中的产业成为全球生产链中的一环，城市利用对外贸易来获取在世界市场网络中的地位。20 世纪 60 年代，信息技术革命改变了工业化特征，先进的通信和网络技术加快了知识信息传递的速度，发达的交通手段夯实了产业分散布局的基础，城市出现了产业布局分散和集聚共存的新趋势。从分散趋势看，标准化生产技术和程序化生产环节的出现，使生产标准化产品的传统劳动密集型产业和资本密集型制造业逐渐从城市中心区向外扩散，从发达国家向发展中

---

① 经济学家托达罗认为城市有 3 种吸引力：城市与农村工资差距；城市提供的就业机会；移民对未来的预期收益。

国家扩散，从而指明了人口迁移的新方向。因此，城市归根结底是大工业生产的产物，适度规模由工业化所需的劳动人口决定，城市在世界市场网络中的地位由其在全球生产链中的位置决定。

发展中国家有 4 种典型的工业化发展途径：主要由劳动密集型产业带动并发展、主要由资本密集型产业带动并发展、劳动密集型产业和资本密集型产业并重，以及主要因拥有特殊地理条件和政策且由第三产业如金融业等带动并发展。这 4 种发展途径会塑造出人口规模、经济特征、贸易特点不同的城市。例如，在中国东部地区，农民主动进入产业集群创办的企业，以自组织模式提供城市发展的动力，形成宝塔形城市的结构体系。在由工业化推动而形成的城市中，有大量的流动人口，主导产业为制造业，国际贸易形式以来料加工为主，出口劳动密集型产品，并随着工业的发展迅速成为全球生产链中的一环。但是，在中国西部地区，工业化较多依赖沿海大企业向内地的迁移，工业企业相对独立发展，导致省会城市首位度过高，中等城市对生产要素的聚集能力缺乏，中小城市发展较慢，某些地区甚至因原有矿藏资源的衰竭而导致城市失去发展动力。相较东部地区，西部地区城市的国际贸易参与程度相对较低。

## 本章参考文献

1. BREZIS E ， KRUGMAN P. Technology and the life cycle of cities ［J］. Economic Growth ，1997（2）.

2. VERNON R. International investment and international trade in the product cycle ［J］. Quarterly Journal of Economics，1966（5）.

3. 爱德华·格莱泽. 城市的胜利 ［M］. 上海：上海社会科学院

出版社，2012.

4. 爱德华·麦克诺尔·伯恩斯，菲利普·李·拉尔夫. 世界文明史（第一卷）[M]. 北京：商务印书馆，1990.

5. 乔尔·科特金. 全球城市史 [M]. 北京：社会科学文献出版社，2010.

6. 乔尔·科特金. 新地理——数字经济如何重塑美国地貌 [M]. 北京：社会科学文献出版社，2010.

7. 霍利斯·钱纳里，谢尔曼·鲁宾逊，摩西·赛尔奎因. 工业化和经济增长的比较研究 [M]. 上海：上海三联书店，上海人民出版社，1995.

8. 霍利斯·钱纳里，莫尔塞斯·赛尔昆. 发展的格局 1950—1970 [M]. 李小青，等，译. 北京：中国财政经济出版社，1989.

9. 阿瑟·刘易斯. 经济增长理论 [M]. 北京：商务印书馆，1999.

10. 罗斯托. 从起飞进入持续增长的经济学 [M]. 成都：四川人民出版社，1988.

11. 迈克尔·托达罗. 第三世界的经济发展 [M]. 北京：中国人民大学出版社，1988.

12. 迈克尔·托达罗. 经济发展 [M]. 北京：中国经济出版社，1999.

13. 陈秀山，徐瑛. 为什么需要大城市 [J]. 决策咨询，2003 (2).

14. 丁成日. 城市增长与对策——国际视野与中国发展 [M]. 北京：高等教育出版社，2009.

15. 高鸿业. 西方经济学（宏观部分·第七版）[M]. 北京：中国人民大学出版社，2018.

16. 高德步，王珏. 世界经济史 [M]. 北京：中国人民大学出版社，2001.

17. 顾晓燕，陶应虎. 实用国际贸易地理 [M]. 北京：清华大学出版社，2009.

18. 黄卫平，彭刚. 国际经济学教程 [M]. 北京：中国人民大学出版社，2004.

19. 李彦军. 产业长波、城市生命周期与城市转型 [J]. 发展研究，2009（11）.

20. 刘吕红. 资源型城市形成和发展规律研究——基于产品生命周期和产业发展规律的视阈 [J]. 四川大学学报（哲学社会科学版），2011（4）.

21. 齐思河. 世界通史（上古部分） [M]. 北京：人民出版社，1973.

22. 倪晓宁. 中国多重工业化水平测度及相关问题研究 [M]. 北京：中国经济出版社，2007.

23. 倪晓宁. 中国城市化的度量与发展取向——一个基于 DEA 的城市化研究 [J]. 城市问题，2007（6）.

24. 倪晓宁. 国际投资简明教程 [M]. 北京：中国人民大学出版社，2018.

25. 倪晓宁. 跟着案例学国际投资 [M]. 北京：中国人民大学出版社，2018.

26. 宋飏，王士君，王雪微，等. 矿业城市生命周期与空间结构演进规律研究［J］. 人文地理，2012（5）.

27. 屠启宇. 国际城市发展报告 2012［M］. 北京：社会科学文献出版社，2012.

28. 王亚平. 中世纪的远程贸易和德国城市的兴起［J］. 历史研究，1993（5）.

29. 王青云. 资源型城市经济转型研究［M］. 北京：中国经济出版社，2003.

30. 吴兵，王铮. 城市生命周期及其理论模型［J］. 地理与地理信息科学，2003（1）.

31. 张冠增. 16~18 世纪大西洋沿岸城市的崛起与新型国际贸易的形成［J］. 上海铁道大学学报，2000（7）.

32. 张芸，梁进社，李育华. 产业集聚对大都市区空间结构演变的影响机制——以北京大都市区为例［J］. 地域研究与开发，2009（5）.

33. 邹一清. 古蜀与美索不达米亚城市演进中对外贸易作用之比较［J］. 中华文化论坛，2004（1）.

# 第四章　市场变化和城市发展

从历史的角度看，城市生命周期在不同的历史阶段受不同的主导因素影响，致使城市发展具有不同的表现。这些历史阶段可根据历史上标志性的科技发展史实来划分，这些科学技术的出现改变了人类的生产方式，大大提高了劳动生产率。这不仅意味着生产集中程度的提高对城市发展产生了重大影响，还意味着在机器取代人类体力劳动和脑力劳动的过程中，生产过程本身对人类生活集中度的影响。

## 4.1　地理区位决定的时代

世界市场形成之前的时代，是一个由地理区位决定城市生命周期的时代。市场的出现取决于贸易路线的建立和维护，贸易路线的建立和维护则取决于城市地理区位所拥有的自然特点和优势。

世界市场在 18—19 世纪形成，也有学者认为世界市场直到 19 世纪才形成。在这之前，几乎没有真正意义上的世界性贸易，国际贸易主要以区域性贸易为主，这是因为当时的交通工具还无法让人方便快捷地前往世界各地。尽管人们在大航海时代就探知了所有的大陆，但这些大陆之间远隔重洋，海洋等地理屏障及遥远的距离隔开了世界各民族，远洋船队往往需要数月，甚至数年时间才能完成一次贸易往返，因此在世界市场形成之前，国际贸易主要还是在相邻国家和地区之间开展。

大航海时代之前的世界贸易主要以区域性贸易为主，这一时期的时间跨度如此之长，以至于很难进行简短的全面概括，只能以当时几个主要的贸易圈为例来加以说明。在大航海时代之前，有几个贸易圈在不同时期繁荣了很久——地中海贸易圈、东亚贸易圈和北海贸易圈。至于跨越大陆的贸易，最有代表性的是丝绸之路，而欧亚非三大洲之间的贸易路线主要依靠海运，由此形成了地中海贸易圈和中国的海上丝绸之路。城市随着这些贸易路线的建立和变更而建立、发展、消亡。

以东亚贸易圈来说，东亚贸易圈以中国为中心而形成，涵盖日本、朝鲜、南洋地区①和中南半岛地区②，还有波斯、印度、爪哇、阿拉伯及西欧诸国的商人往来其间。至于与东亚贸易圈相关的海上贸易路线，首推郑和七下西洋的路线，据史料记载，郑和的船队巡航于印度洋与南洋之间。学者们认为郑和庞大的远航船队具有综合性目的，集监军、平藩、通使和贸易为一体，是海上丝路的国家资本贸易模式。

其时，在与日本和朝鲜的贸易往来中，扬州是中国南北交通的枢纽，是长江下游地区经济文化最发达的城市。在和南洋地区的贸易中，广州和泉州是马来商人的主要聚集地。在与中南半岛地区的

---

① 南洋是明清时期中国人对东南亚一带的称呼，是以中国为中心的一个概念。包括马来群岛、菲律宾群岛、印度尼西亚群岛，也包括中南半岛沿海、马来半岛等地。

② 中南半岛，是对东南亚地区的总称，具体指中国云南省和广西壮族自治区以南、印度次大陆以东的地区，这个地区包括缅甸、泰国、老挝、柬埔寨、越南 5 个国家。

贸易中，占城成为中南半岛国际贸易路线上的中心城市，以及中国与南洋、印度洋地区贸易的枢纽，具有重要地位①。

后来，这些城市的命运在不同时期因地理区位优势的变化而改变。占城的贸易枢纽地位在郑和下西洋期间因南京和广州的崛起而被削弱，直到明朝后期海禁锁国才得以恢复。西贡在占城灭亡后取代其地位成为富甲一方的贸易城市，直到清末法国人入侵越南。而扬州，在公路和铁路出现之前，作为长江下游港口城市和大运河南部终端城市而拥有的地理区位优势为其维持了长久的繁荣，这种繁荣景象因陆路交通的逐渐发达而消失。

以地中海贸易圈来说，地中海贸易圈由两河流域文明发展而来的地中海沿岸国家组成，这些国家被地中海联成一个贸易圈，相互间的贸易在古代可以称得上是“国际贸易”。其间著名的商业民族是古代擅长航海的腓尼基人，他们头脑精明，差不多垄断了地中海贸易。“腓尼基”这个名称最早见于公元前3000年的埃及文献“腓尼赫”，后被希腊人称为“腓尼基”，意为“紫红之国”。这是一个城市国家，由乌加里特、阿瓦尔德、毕布勒等城市构成，但没有一个城邦有能力统一其他城邦，在霸权争斗中该国曾经受埃及控制，公元前8世纪以后被波斯帝国兼并。

腓尼基人造船业发达，其造船术在古代地中海沿岸国家中长期

① 占城（Champa Kingdom，192—1697）是一个中南半岛古国，位于如今的越南顺化古城。中国古籍称其为象林邑，简称林邑，8世纪下半叶至唐末改称环王国，五代又称占城，17世纪被安南（现在的越南）灭亡。占城在公元7世纪至10世纪时国力达到鼎盛，当时中国正处于唐朝鼎盛时期，占城扼守中国通往天竺波罗王朝（今印度东北部）、室利佛逝国（今马来半岛、苏门答腊以及加里曼丹岛西部地区）和黑衣大食的海上要道，是当时海上丝绸之路的重要中转站。

居于领先地位，对其航海、通商和殖民活动产生了巨大影响。腓尼基人在独步地中海海上贸易的同时，公元前 2000 年已在小亚细亚沿岸、塞浦路斯、爱琴海诸岛，甚至黑海南岸建立起商业据点，这些据点逐渐发展为居留地，即城市；公元前 1200 年后，腓尼基人向西沿着马耳他岛、西西里岛和撒丁尼亚把势力范围扩展到西班牙，并越过直布罗陀海峡建立了卡迭儿城（位于如今的西班牙的卡地斯）；到公元前 9 世纪末，腓尼基人在北非建立了迦太基（古城遗址位于今天的突尼斯）和丁吉斯（位于如今的摩洛哥的丹吉尔），并将地中海贸易圈向西北扩张到不列颠，向西南扩张到亚速尔群岛。

地中海贸易圈依靠精心建成的道路网和港口而获得空前发展，并成为将西欧和东方各国连接起来的中西方贸易枢纽，其时君士坦丁堡、威尼斯和热亚那都是该贸易圈的中心城市。

与地中海贸易圈相比，北海贸易圈是波罗的海和北海地区城市间的贸易圈，从中世纪开始形成；但直到 14 世纪中叶，在众多北欧商业城市以保障商业共同利益的名义联合成立汉萨同盟后，北海贸易圈的形成才有了重要意义。当时北欧贸易区的经济中心城市是佛兰德斯、汉堡和不来梅。汉萨同盟因地理大发现而被削弱了地理区位优势后，逐渐衰落。

## 4.2　要素资源决定的时代

在世界市场形成之后及工业革命之前，彼时是一个要素资源决定城市生命周期的时代。在这个时期，生产技术、交通方式和通信技术都还没有取得突破性的进展，资本主义的大工业生产还没有出现，地理区位决定了贸易路线的分布，资源的地理分布又决定了不断涌现的新产业的分布，最终二者共同决定了市场和城市的兴衰。

16—18世纪，在地理大发现和新航路的推动下，国际贸易迅速发展，尤其是西欧地区。以西欧地区为中心，当时的贸易对象有两个：亚洲和美洲。在去往亚洲的跨洋贸易中，广州成为中转中心；在去往美洲的殖民拓殖和跨洋贸易中，纽约、巴尔的摩等城市成为中转中心。

西欧商人在地理大发现后的300年里奔走于世界各大洲，将欧洲原有的区域性市场与其他大洲许多国家和地区的地方性市场连接起来，建立了以西欧为中心的世界贸易市场。这个时期世界市场主要的贸易产品是工业制成品、农产品，以及矿产资源等初级产品，这些商品还未在国际分工基础上成为再生产过程中的必要原材料。

大约在公元1500年新航线开辟之后，这时主要的新航线都是从欧洲大陆西海岸或英国出发，包括向南经过非洲西海岸到达亚洲、向西越过南美洲到达亚洲，以及驶往北美的航线。当欧洲与外界的联系由地中海转移到大西洋时，地中海逐渐变成闭塞的内陆海。意大利诸城因此失去了往昔地位，威尼斯和热那亚在失去地理位置优势后逐渐衰落。德国南部诸城的发展也因其地理位置毗连地中海而遭受挫折。与此同时，在大西洋沿岸，葡萄牙的里斯本、西班牙的塞维利亚、荷兰的安特卫普和英国的伦敦开始崛起。尤其是荷兰的安特卫普在16世纪中期成为繁华的新商业中心，成为各路商人的聚集地和横贯欧洲的大陆与海上贸易的结合点，当时被称为“世界商业之都”。后来，随着海上贸易开始占据主导地位，横贯大陆的贸易路线逐渐解体，在1585年安特卫普被西班牙占领后，荷兰的阿姆斯特丹崛起成为新的世界贸易中心，这种情况一直持续到17世纪末。

## 4.3　主导产业决定的时代

在工业革命后，世界进入了主导产业决定城市生命周期的时代。在国际分工的基础上，世界市场开始建立，从各自交易彼此具有比较优势的产品，到所交易的产品成为彼此再生产的必要原材料，再到主动将生产链有机分布于各国以寻求最低成本，带来的结果都是加强了主导产业生命周期的变化对城市兴衰的影响。交通和通信技术的变革则为这种改变提供了物质基础。

工业革命后，涌现了大批的大工厂城市或者叫工业城市，马克思和恩格斯认为城市化是资本主义大工业化的产物。这时的城市化不仅指农村人口向城市转移，也指城市人口在总人口中的占比逐渐超过农村人口的情况，城市逐渐成为国家经济中心。大工业企业需要许多工人在一个地点共同劳动，这些工人会居住在工厂附近，使得村落或者聚居点开始出现，工人们对衣食住行的需求又促使各类手工业者如裁缝、鞋匠、面包师、泥瓦匠和木匠等搬入该地区，这些地区最终会形成一个城镇，并随着新的工厂落户而逐渐发展成小城市，小城市逐渐会变成大城市。城市越大，可供选择的交通方式越便捷，可供挑选的熟练工人也就越多。便捷的铁路、公路和可能有的水路，以及大量的劳动力，对企业而言意味着落户此地的生产成本较其他地区更低，因此，在这一时期大工厂城市迅速成长并蔓延开来。

许多学者认为，英国的曼彻斯特和其他工业城市的兴起是研究这一时期工业城市起源和发展的重要例证。工业革命前曼彻斯特是个村落，17 世纪因为棉纺工业发展致使人口开始增加，18 世纪上半叶成为方圆10~15平方英里[①]的小城市，之后因为开凿了连接利物浦的运河和能够令其获得低成本资源的沃尔斯利运河而得到迅速发展。在蒸汽机代替水力发动机后，更多的工厂出现在曼彻斯特。到1820年时，英国25%的棉纺织生产集中在曼彻斯特；到1835年时，英国80%的棉纺织业工人聚集在曼彻斯特。曼彻斯特的居民人数从1790年的5万变成1831年的18.2万，1871年达到35.1万。毫无疑问，曼彻斯特是英国工业的发源地和当时的工业中心。

## 4.4 科技变革和城市生命力

在漫长的发展历程中，人类最重要的进化是学会了制造和使用工具，拥有了“科技”。没有工具，人类就不可能有文明。此外，人类在漫长的进化过程中还学会了利用火，它对于古代人类生活的作用相当于电力对于现代人类生活的作用。对能源的利用，拓宽了人类活动的空间和时间范围，加快了人类的进化和文明的发展。

虽然古代人类的科技进步十分缓慢，但每一项科技进步都对人类的生产和生活方式产生了巨大影响。从制造工具的角度来说，考古学的三时代分期包括石器时代、青铜器时代和铁器时代。人类的旧石器时代以打制石器为标志，从距今约300万年前开始延续到距今1万年左右为止。新石器时代以磨制石器为标志，大约1万年前人类掌握了制陶技术。青铜器时代以制造铜锡合金工具和器具为标志，在世界范围内大约从6000年前开始出现这些工具和器具。铁器时代以冶铁和制造铁器为标志，目前世界上出土的最古老冶炼铁器

① 1英里约等于1.61公里。

距今 4500 年左右，它是土耳其（安纳托利亚）北部赫梯先民墓葬中出土的铜柄铁刃匕首。

人类进入铁器时代后生产力得以大幅提高，对自然的探索和改造速度不断加快，新的技术不断出现，世界文明在贸易和战争中不断交汇和发展。例如，对城市人居产生重大影响的水泥，由罗马人在大约公元前 100 年发明，之后随罗马帝国灭亡而失传，到 16 世纪时由法国工程师德洛尔姆（1514—1570 年）重新发明。而在此期间，中国成为世界技术输出中心，其中以造纸术、印刷术、火药和指南针最负盛名，在文学、战争、航海和贸易等方面改变了世界。欧洲在经历了中世纪的蒙昧和黑暗后，16 世纪借由文艺复兴燃起了对科学探索的热情，积累了大量科学知识。也是在这个时期，葡萄牙人制造出了利用风力的多桅帆船，配置火炮之后，这种船就成为重商主义和殖民主义者的工具，开启了大航海时代。及至蒸汽机出现后，人类的生产能力再度得到提高，科技发展的速度得以加快，人类社会迅速从蒸汽时代迈入了电气时代，之后又以更快的速度进入了信息时代。

在人类的科技史上，有很多发明都对人类的生产和生活方式产生了重大影响，究竟哪些可以用于对贸易和城市的分时期研究呢？贸易由剩余产品而来，和人类生产方式的革命性变化紧紧相连，从这一点来说，可从两个角度对发明的作用进行分类：第一个，根据其对人类生产方式的革命性影响；第二个，根据其对人类劳动替换的方式。

如表 4-1 所示，在第一个角度的划分中，可将人类的生产历史划分成远洋探险前时代、大航海时代和地理大发现、工业革命和大机器生产、信息革命和互联网时代4个阶段。

在世界市场形成之前（阶段1和阶段2），城市的兴衰主要取决于其所处的地理位置或所拥有的交通因素，是否处于贸易路线上是关键因素；而贸易路线的产生，既和因土地适宜耕作而形成的人类集聚区有关，也和当时能够提供较为便利和高效交通方式的水道有关。

在工业革命后（阶段3），世界市场逐步形成。在这一时期，科技的发展使人们可以开发更多的资源，因此在这一时期城市资源要素的变化对城市周期产生了重大影响。也就是说，城市的生命周期主要受生产所需的资源或产品影响，并与产业周期和产品生命周期紧密相连。地理位置的影响会随着科技发展和交通工具的升级逐渐下降，并且地理位置上的劣势可以通过科技来弥补，这一点在互联网出现后的世界经济中表现尤甚。

在信息革命后（阶段4），在新科技的影响下人类社会逐渐进入全球化时代，国际生产分工、国际贸易和国际投资使城市可以从别处获得本地没有的资源，因此在这一时期，影响城市生命周期的关键因素从城市要素资源转变为城市主导产业。

**表 4-1　科技变革和城市发展 4 个历史阶段**

| | 阶段 1<br>远洋探险<br>前时代 | 阶段 2<br>大航海时代和地理大发现<br>（15 —17 世纪） | 阶段 3<br>工业革命和大机器生产<br>（18 世纪下半叶—19 世纪） | 阶段 4<br>信息革命和互联网时代<br>（20 世纪下半叶—） |
|---|---|---|---|---|
| 该时期特征描述 | — | 欧洲船队出现在海洋中，寻找新贸易路线和贸易伙伴，以发展欧洲新生的资本主义。东西方间的文化、贸易交流伴随新航路开辟而大量增加，殖民主义与自由贸易主义开始出现 | 机器的发明及运用是该时代的标志。以机器取代人力生产，以大规模工厂取代个体手工作坊。蒸汽机、煤、铁和钢是该时代 4 项主要生产特征。工业革命从英国开始向外扩散至北美 | 半导体、集成电路、计算机、数字通信、卫星通信等新科技使人类可在有设施地点间准确交换任意信息。机器取代人类部分脑力，可收集、处理和存储信息，城市的组织管理、产业结构和经济结构随之发生变化。信息通信网推动经济全球化，跨国公司控制了大部分的生产与国际贸易 |
| 该时期市场 | 区域市场和区域贸易 | 世界市场雏形和世界性贸易雏形 | 世界市场、专业化生产和国际贸易 | 世界市场、经济全球化、国际生产分工、国际贸易和国际投资 |
| 贸易路线和交通工具 | 陆路（人力、畜力）；河运和近海沿岸贸易路线（人力、畜力、风力、潮汐、船） | | | |
| | — | 远洋跨洲贸易路线（人力、风力、潮汐、船） | | |
| | — | — | 现代意义上的轮船、火车、汽车（火力、电力） | |
| | — | — | — | 航空运输（飞机，20 世纪 20 年代）；互联网（网络信息交换和下载，20 世纪 80 年代） |
| 城市竞争核心要素 | 地理位置 | 港口、要素资源（农产品、贵金属、制成品） | 港口、要素资源（人口、煤、铁、贵金属、生产原料、制成品） | 交通枢纽、新要素资源（科技、金融、教育和人力资源） |

续表

| | 阶段 1<br>远洋探险前时代 | 阶段 2<br>大航海时代和地理大发现<br>（15 —17 世纪） | 阶段 3<br>工业革命和大机器生产<br>（18 世纪下半叶—19 世纪） | 阶段 4<br>信息革命和互联网时代<br>（20 世纪下半叶—） |
|---|---|---|---|---|
| 城市生命周期影响因素 | 贸易路线变化 | | 要素资源变化 | 主导产业变化 |

第二个角度根据科技发展对人类不同类型的劳动，即体力劳动和脑力劳动的替换进行划分，可以将人类的生产历史划分为手工生产阶段、工业革命和大机器生产（可取代体力劳动）、信息革命和互联网时代（可取代脑力劳动）3 个阶段，如表 4-2 所示，城市相应地具有不同的特征。

在手工业阶段，城市的核心竞争要素是其所处的地理位置和拥有的要素资源。该阶段人类只发明了简单的工具来帮助生产，只能简单地利用自然界的能源，因此手工生产为这个阶段的特征。此外，该阶段能够影响城市生命周期变化的主要因素是贸易路线。在工业革命和大机器生产阶段，城市的核心竞争要素是港口、人口、煤、铁、贵金属、生产原料和制成品等城市拥有的要素资源。大机器生产在该阶段取代了部分的人类体力劳动，并且人类开始能够通过较复杂的方式来利用自然界的能源，因此机器生产是这个阶段的特征，此时影响城市生命周期变化的主要因素是要素资源的变化。当人类进入信息革命和互联网时代后，城市的核心竞争要素是交通枢纽、科技、金融、教育和人力资源等新要素资源。在这个阶段，计算机信息技术取代了人类部分的脑力劳动，机器提供了跨时空的信息交换和处理方式，因此这一阶段的特征是机器为人类收集、处理和存储信息，此时能够影响城市生命周期变化的主要因素是城市的主导产业的变化。

**表 4-2　根据科技变革对人类劳动的替换来划分城市发展阶段**

| | 手工生产阶段 | 工业革命和大机器生产（18 世纪下半叶—19 世纪） | 信息革命和互联网时代（20 世纪下半叶—） |
|---|---|---|---|
| 该时期特征描述 | 以手工生产为特征，只发明了简单的工具来帮助生产，只能简单地利用自然界的能源 | 以机器生产为特征，大机器生产取代了人类部分的体力劳动。开始能够通过较复杂的方式利用自然界的能源 | 以机器为人类收集、处理和存储信息为特征，计算机信息技术取代了人类部分的脑力劳动。机器提供了跨时空的信息交换和处理方式 |
| 城市竞争核心要素 | 地理位置、要素资源（农产品、贵金属、制成品） | 港口、要素资源（人口、煤、铁、贵金属、生产原料、制成品） | 交通枢纽、新要素资源（科技、金融、教育和人力资源） |
| 城市生命周期影响因素 | 贸易路线变化 | 要素资源变化 | 主导产业变化 |

## 本章参考文献

1. BREZIS E , KRUGMAN P. Technology and the life cycle of cities [J]. Economic Growth , 1997 (2).

2. VERNON R. International investment and international trade in the product cycle [J]. Quarterly Journal of Economics, 1966 (5).

3. 爱德华·格莱泽. 城市的胜利 [M]. 上海：上海社会科学院出版社，2012.

4. 乔尔·科特金. 全球城市史 [M]. 北京：社会科学文献出版社，2010.

5. 乔尔·科特金. 新地理——数字经济如何重塑美国地貌 [M]. 北京：社会科学文献出版社，2010.

6. 丁成日. 城市增长与对策——国际视野与中国发展 [M]. 北

京：高等教育出版社，2009.

7. 高德步，王珏. 世界经济史［M］. 北京：中国人民大学出版社，2001.

8. 顾晓燕，陶应虎. 实用国际贸易地理［M］. 北京：清华大学出版社，2009.

9. 李彦军. 产业长波、城市生命周期与城市转型［J］. 发展研究，2009（11）.

10. 刘吕红. 资源型城市形成和发展规律研究——基于产品生命周期和产业发展规律的视阈［J］. 四川大学学报（哲学社会科学版），2011（4）.

11. 齐思河. 世界通史（上古部分）［M］. 北京：人民出版社，1973.

12. 朱寰. 世界通史（中古部分）［M］. 北京：人民出版社，1973.

13. 宋飏，王士君，王雪微，等. 矿业城市生命周期与空间结构演进规律研究［J］. 人文地理，2012（5）.

14. 屠启宇. 国际城市发展报告 2012［M］. 北京：社会科学文献出版社，2012.

15. 王亚平. 中世纪的远程贸易和德国城市的兴起［J］. 历史研究，1993（5）.

16. 王青云. 资源型城市经济转型研究［M］. 北京：中国经济出版社，2003.

17. 吴兵，王铮. 城市生命周期及其理论模型［J］. 地理与地理信息科学，2003（1）.

18. 张冠增. 16~18 世纪大西洋沿岸城市的崛起与新型国际贸易的形成［J］. 上海铁道大学学报，2000（7）.

# 第五章　区域差异和城市发展

城市生存和发展所需的资源十分广泛，包括土地、资本、人才、产业、市场、生态环境、城市文化和管理制度等。这些资源大致可以分成两类：一类是城市可以通过各种竞争方式和竞争手段吸引到的资源，例如人才、产业和市场等；另一类是城市内生决定或内生发展起来的资源，例如土地、生态环境、城市文化和管理制度等。因此，城市的区域差异，除了地理上的不同，还包括人口、文化和制度等方面的区别，它们共同作用于城市的经济方面，并最终通过城市经济的兴衰来展现城市的发展。

全球有许多城市经历过发展—衰退—发展的循环。有些主要通过城市建设的方式获得新生，例如美国的底特律；不少欧洲城市尝试过文化战略，例如西班牙的毕尔巴鄂；还有些认为交通很重要，通过建造高速铁路获得发展，例如西班牙的马德里。此外，还有一些地区会通过提供巨额税收补贴的方式来鼓励企业搬迁到落后或衰退的城市。①

① 爱德华·格莱泽. 城市的胜利 [M]. 上海：上海社会科学院出版社，2012：61.

## 5.1 工业化差异和城市发展

区域经济学理论认为，各区域的经济结构转变和工业化所处阶段不同的原因，主要和那些与工业化初始条件（资源禀赋和人口规模）相联系的不同的贸易战略和政策有关。当今世界的城市，由于所处区域的工业化程度不同，有着不同的发展水平。同时，这些城市由于所具有的产业优势不同，在与外部的贸易中形成互补或竞争的关系，共同成为全球化时代中世界产业链上的一环，也成为其所处区域的经济代表。它们能否在科技变革中获得优势胜出，取决于它们在变革中最终建立起何种主导产业；而城市主导产业的建立和发展，具有路径依赖性，受到工业化初始阶段所做选择的影响和制约。

例如，中国各个区域的城市具有不同的工业化水平、开放度和经济发展水平，主要因各区域存在较明显的工业化水平差异。而这些区域的工业化差距由不同时期的影响因素汇聚成的合力所导致，例如地理地貌、人文历史、政府实施的经济发展战略等。以下依然以中国为例来说明。

地理地貌原因。在地理上，中国地势西高东低，地形复杂多样，山地、丘陵和比较崎岖的高原占全国面积的2/3。地理学家们按照海拔从最高的青藏高原到东部沿海，将中国的地形自西向东分为3个阶梯：第一个阶梯是青藏高原，平均海拔在4000米以上；第二个阶梯是青藏高原以北和以东的云贵高原、黄土高原和内蒙古高原等，其间夹杂着富饶的四川盆地、广布沙漠的塔里木盆地和有着宽广草原的准噶尔盆地，平均海拔在1000米至2000米；第三个阶梯海拔在 1000 米以下，包括东北平原、华北平原、长江中下游平原、东南沿海丘陵等。因此，中国可利用的土地资源具有多样性，中国的经济资源分布具有多样性和不均衡性，矿产资源主要集中在中西部地区。这共同造成了我国区域工业化在起始条件和路径方面的差异，成为形成不同区域城市发展水平多样化的物质条件①。

人文历史原因。在历史上，中国的近代工业大都产生在东部沿海地区，是西方列强的舰队和枪炮打开了中国的大门，使沿海地区首先受到现代工业文明的冲击。同时，由于中国地形地貌复杂和内陆交通不便捷，早期工业化向中西部地区扩散的速度很慢。据估计，中华人民共和国成立之前，中国工业的 70%分布在沿海地区，只有 30%在内地。因此，当时中国工业化水平较高、经济较为发达的城市也随之在沿海地区发展起来。

中华人民共和国成立后，中央政府出于战略考虑和改变区域发展不平衡状况的意图，在中西部地区兴建了一批重工业和军工项目基地，即一批依托大型国有企业发展的新工业城市。这些大型国有企业在内部设立了各种生活设施，例如幼儿园、小学、中学、医院，甚至技工学校等。职工可以依赖企业内部的设施来生活，当地非企业职工居民也几乎完全被封闭在这些生活设施和环节之外。同时，在统分统配的计划经济制度下，原料和产品均由国家统一调拨。因此，在这一时期，新建工业城市的发展与当地经济发展脱节，并且在当地形成自己的小型经济圈，既不受当地经济发展落后的影响，也没有对当地经济起到足够的引领作用。结果，重工业优先发展的

---

① 倪晓宁. 中国多重工业化水平测度及相关问题研究 [M]. 北京：中国经济出版社，2007：82-84.

经济赶超战略使得生产要素存量配置结构与许多城市要素禀赋结构决定的比较优势不一致，区域间的差异并没有因为这些城市的出现而消除。

改革政策影响。在改革开放之初，中国设立了经济特区、沿海地区对外开放城市，以及各种各样的经济开发区。这些城市都集中在东部沿海地区，改革政策明确向东部地区倾斜。到 20 世纪 80 年代后期，在新的“沿海地区发展战略”① 中，政策进一步向东部地区倾斜，使得东部城市群在充分利用自身区位优势和国有经济政策的基础上率先获得发展。这一时期推进的具有区域差异性的改革政策，使得各区域的城市经济差距处于变化中。以城市为代表的区域发展差异，总体上经历了先下降后上升的过程，转折发生在 20 世纪 90 年代初期。当时，中国沿海新兴工业省份因大量吸收外资而崛起，致使东、西、中部地区城市间的区域发展差距扩大。这种差异性推进政策，直到 1992 年邓小平视察南方经济特区后才有所改变。此时中央开始更多考虑中西部开放和发展问题，开始实施沿海、沿江、沿边和沿路的全方位开放政策。这一时期实施了多种区域性政策，以加速中西部地区的改革开放。到 1993 年，中西部地区成立了 6 个沿江开放城市，18 个省会开放城市，13 个沿边开放城镇和 13 个边境经济合作区。直到此时，开放政策才成为全国性政策，西部地区在这场“家庭内部”的资源分配中已经失去了整整 10 年时间。目前，“一带一路”倡议的实施正在给中西部城市带来新的发展机遇。

① 这个战略将长江三角洲、珠江三角洲和闽南三角地区扩大为一个对外开放的大三角，同时将辽东半岛、河北环渤海湾地区和广西近北部湾的一些城市列为沿海开发区。

外部资金流入的影响。许多学者的研究结果都表明，外资流入规模是导致改革开放后城市经济格局发生变化并加大地区间工业化差异的重要原因。有学者研究外商直接投资数据后发现，东部发达地区与西部落后地区间的发展差异，大约有 90 % 由外商投资引起。外商直接投资在各区域的不平衡分布加剧了各地区城市间的不平衡发展。

## 5.2　文化差异和城市发展

许多城市学家认为城市有两个基本属性：物理属性与文化属性。城市的物理属性由城市的自然条件、建筑和道路等因素构成；城市的文化属性由城市居住者对城市的情感、认同度和归属感等因素构成。伟大城市所依靠的是城市居民对其产生的有别于其他地方的独特感情。无论是在传统的城市中心，还是在新发展模式下的城市边缘地区，认同感和社区意识等问题在很大程度上决定着哪些地方将取得最后的成功①。文化归属感和认同度是决定一个城市成败兴衰的核心要素，没有文化认同度的城市不可能持续繁荣。文化认同度和归属感处于上升期的城市必然是处于发展上升期的城市，反之城市必然进入其生命周期的衰退阶段，因此，在城市可持续发展过程中发挥了更大作用的是其文化属性而不是其物理属性②。

城市的文化属性差异构成了投资环境差异，并借此影响着城市对各种资源禀赋的吸收和利用，最终体现为经济发展状况的差异。

---

① 乔尔·科特金. 全球城市史［M］. 北京：社会科学文献出版社，2006：227.

② 李彦军. 产业长波、城市生命周期与城市转型［J］. 发展研究，2010（6）：4-8.

投资环境也叫投资气候或商业环境，广义的投资环境除经济环境外还包含了政治、法律、社会文化等会对投资产生影响的因素。按照这些因素是否具有物质性可将投资环境划分为硬环境和软环境。

其中，硬环境对应城市的物理属性，指各种能影响投资和经济发展的有形物质条件，如道路、通信和能源等基础设施；软环境对应城市的文化属性，指能影响投资和经济发展的各种非物质形态条件，如政策、治安和社会文化传统等。与物理属性和文化属性不可分割一样，硬环境和软环境也无法截然分开。软环境不好，硬环境再好也难以发挥应有作用；软环境好了，则在一定程度上可以弥补硬环境的不足，并随投资增加和经济发展促进硬环境的改善。

具体来说，与城市文化属性相对应的社会文化软环境是对城市居民在语言、文字、教育水平、宗教信仰、购买动机、消费偏好、工作态度、生活态度、价值观念等方面的综合表述。每个城市在城市文化属性方面都有自己独特的一面。不同城市在主流文化和社会价值观上的差异必然会通过影响城市居民的生活方式、消费倾向、购买态度、购物种类等方面来影响城市的经济发展。

那么，为什么企业选择在甲城市而不是乙城市进行投资，或者说，为什么是甲城市而不是乙城市吸引了要素的集聚？这就是投资的区位选择问题。投资区位选择问题是区域经济学、工商管理学及经济地理学研究的重要问题之一。最初，人们认为厂商区位的选择主要取决于生产成本，生产成本主要包括劳动力成本和交通运输成本。厂商会选择去生产成本最低的生产区位投资。后来，学者们将科斯的交易成本纳入分析中，认为厂商区位的选择主要取决于交易成本。学者们认为，人性因素与交易环境因素交互时会产生市场失灵问题，从而造成交易困难，增加交易成本。交易成本的主要来源有：有限理性，即交易者受到自身心智、情绪等因素的限制；投机主义，即交易各方为寻求自身利益最大化而采取欺诈手段后，因相互间不信任感增加而导致交易中的监督成本增加；资产专用性，即在不牺牲生产价值时资产可用于不同用途或由不同使用者利用的程度；不确定性与复杂性，即交易双方为了将未来环境因素中的各种变化和不确定性纳入合同而增加的议价成本和交易难度；少数交易，即因某些交易过程专属性或异质性的程度过高而造成了信息与资源无法流通；信息不对称，即因交易双方拥有的市场信息不同，导致出现机会主义者的自利行为；气氛，即交易双方因互不信任而无法营造出满意的交易关系，致使交易困难及成本增加。很明显，交易成本与城市的文化属性有不可分割的紧密联系。

不少学者在研究外商直接投资的区位选择问题时发现，城市的文化环境是外商进入中国后进行区位选择时考虑的重点因素之一。例如，一份对秦皇岛市外商投资的研究①显示，外商在中国直接投资的最重要动机是利用当地廉价劳动力、扩大和占有中国市场 、确保原材料和零部件的供应。此外，利用当地税收减免政策、向本国和第三国出口，以及与中国大陆存在感情和血缘关系等也是重要动机。具体到外商进入秦皇岛投资的问题，在对所选取的 15 个区位因素进行因子分析后，该研究认为所提取的第一个因子中包含的主要区位因素反映了秦皇岛市的经济和文化环境。

因此，有学者认为，文化号召力是城市竞争的“制高点”，应该

① 魏后凯，贺灿飞，王新. 外商在华直接投资动机与区位因素分析——对秦皇岛市外商直接投资的实证研究［J］. 经济研究，2001（2）：67-76，94.

加强城市的文化属性建设来确保城市未来的竞争原动力和主要经济增长点的持续存在①。

## 5.3 运输线差异与城市发展

### 5.3.1 交通的作用

运输线的变化能够重塑和展现城市的经济地位和实力，这不仅因为区域间交通基础设施的改善会促进经济增长，也因为这种改善能够引发被新经济地理学称为交通基础设施“经济分布效应”的经济要素的空间转移②。经济分布效应有两方面作用：首先，区域间交通基础设施的改善会引起周边城市或地区的要素向中心城市加速转移，在增强区域中心城市经济集聚的同时抑制了相邻区域城市的发展；其次，交通基础设施的网络属性有推动区域中心城市经济向周边相邻区域城市扩散的效应，从而加速周边城市的经济增长。因此，虽然区域交通设施改变对城市的具体作用须视具体情况而定，但信息化时代的交通运输线仍然在塑造城市和城市间的结构，在催生出新城市的同时，也改变了城市间的地域结构和经济力量对比③。因此，对城市发展来说，交通运输线变化带来的影响令人无法忽视。

经济发展建立在工业和商业基础上。在影响经济发展的城市的物理属性中，只有建筑和道路能够由人类迅速改变，因此在自然条

① 王会玲. 未来城市的竞争原动力和主要经济增长点：发展城市软实力［J］. 产业与科技论坛，2012（17）：21-23.

② 张克中，陶东杰. 交通基础设施的经济分布效应——来自高铁开通的证据［J］. 经济学动态，2016（6）：62-73.

③ 杨家文. 信息时代城市结构变迁的思考［J］. 城市发展研究，1999（4）：5.

件先天决定的情况下，道路是最主要的因素。在工业化时代之前，推动城市发展的主要因素是水路。数千年来，在汽车、火车等现代交通工具出现之前，船舶是将货物从一个地方运往另一个地方的最主要的工具。大河与良港是天赐的资源，航运线路是开展贸易的生命线。因此，大量的港口城市作为运输网络中的节点出现并发展起来。在工业化时代，铁路和公路成为远离海洋和河流区域的城市发展的推动力和塑造力。例如，美国在进入工业化时代后，铁路在19世纪打开了其广袤的内陆腹地并带来了沿线城镇的繁荣，小汽车和公路则在20世纪使中心城市的人口向郊区疏散并形成了所谓的卫星城和城市群。在后工业化时代，互联网削弱了地理距离对城市发展的影响。但是，具有时代特征的基础设施都会对当时的社会经济起重要作用，并对城市经济的塑造起主导作用，因此后工业时代中城市的交通属性对当地经济和贸易依然具有决定性影响。

中国在“一带一路”倡议的“五通”目标中提出了“道路联通”目标，如表5-1所示，学者们认为这是全球化2.0时代的基础力量。这种观点强调了交通运输在构建人类命运共同体中的重要作用。“道路联通”目标指打通从太平洋到波罗的海的运输大通道并逐步形成连接东亚、西亚、南亚的交通运输网络，很显然，这将对沿线城市的发展和经济力量的演变产生重大影响。

**表5-1　历史上不同阶段全球化的基础、手段和目标**

| 全球化历史 | | 主导国家 | 基础力量 | 主要手段 | 标志特征 | 全球化目标 |
|---|---|---|---|---|---|---|
| 全球化1.0 | 16—17世纪 | 葡萄牙、西班牙、荷兰等 | 地理大发现 | 野蛮掠夺 | 掠夺全球化 | 垄断海外贸易，称霸欧洲 |

续表

| 全球化历史 | | 主导国家 | 基础力量 | 主要手段 | 标志特征 | 全球化目标 |
|---|---|---|---|---|---|---|
| 全球化 1.0 | 18—19 世纪 | 英国、法国等 | 工业革命 | 军事殖民 | 殖民全球化 | 建立日不落帝国，称霸世界 |
| | 20 世纪 | 美国 | 工业、移民与金融 | 美元、互联网 | 霸权全球化 | 自由世界一统全球 |
| 全球化 2.0 | 21 世纪 | 中国等新兴大国 | 基础设施联通 | “一带一路” | 共赢、全球化 | 构建人类命运共同体 |

资料来源：李丹.“一带一路”:构建人类命运共同体的实践探索［J］. 南开学报（哲学社会科学版）,2019（1）：136-145.

在赞同经济的长期发展需要考虑地理和生态条件的学者中，美国经济学家、诺贝尔经济学奖获得者克鲁格曼认为，城市发展由两种力量决定：第一种力量是自然禀赋；第二种力量是区位及人类构造出的有形交通。还有学者认为，国家财富在全球范围内的分布有两个地域特点，这两个特点共同构成了影响区域经济差异的决定性因素：第一个特点是由于地理生态条件差异而出现的区域经济差异，例如温带与热带区的差异；第二个特点是由于国际、国内贸易差异而出现的区域经济差异，例如沿海与内陆的差异①。

目前，我国正处于经济转型期，有学者认为在我国的各种地理要素中，交通便利性对区域经济差异的影响最大。例如，有学者对克鲁格曼的观点进行了补充，认为有 3 类地理要素会影响经济增长：第一类地理要素主要指自然条件，包括海拔、坡度、地形起伏度、气候舒适度、水资源适宜度、农业生产潜力等，主要对第一产业的分工具有重要影响；第二类地理要素主要指交通和区位情况，包括

① DEMURGER S, SACHS J D, WOO W T, et al. Geography, economic policy, and regional development in China［G］. NBER Working Paper Series 8897, 2001：1-59.

交通网络的发展，会直接影响第二产业和第三产业的分布；第三个地理要素主要指区域中积累的人力资本，这是一类新的经济地理因子，主要影响人力资本和研发水平的分布，只是这类地理要素具有流动性，无法被“固定”在特定空间中①。

### 5.3.2　交通和城市群

在现代交通业逐渐发达的同时，在城市的发展历程中出现了“城市群”。城市群是由城市化过程中的物理性质网络和非物理性质网络共同组成的区域网络决定的。其中，物理性质网络一般由交通运输、通信、电力等基础设施组成，非物理性质网络一般由各种市场要素的流动形成②。在城市群形成过程中，交通运输对城市群的地域结构起着制约和引导作用，从而形成沿交通走廊分布的城市组团或城市组群结构③。

城市群表现出的具体形态是，在某个地域空间上有一个或几个核心城市，以及若干个不同等级规模、城市化水平较高、空间上呈密集分布状态的城镇。其中，核心城市起组织和协调作用，该区域中的各城市相互作用，形成合理的劳动地域分工体系。在核心城市形成后，城市群的地域结构演变就会进入相对稳定的阶段。要想打破这种稳定的结构，就需要在城市群地域结构中的边缘城市中产生

---

① 刘清春，王铮. 中国区域经济差异形成的三次地理要素［J］. 地理研究，2009（2）：430-440.

② 刘静玉，王发曾. 城市群形成发展的动力机制研究［J］. 开发研究，2004（6）：66-69.

③ 朱英明. 我国城市群地域结构特征及发展趋势研究［J］. 城市规划汇刊，2001（4）：55-57，80.

出新的核心城市。城市群边缘地区地域结构重组及新城市组群的形成，依赖于城市群综合交通网络发展情况的改变，特别是城市群边缘地区快速综合交通走廊的建立①。

例如，美国学者在20世纪90年代曾对加州大都市的空间扩展进行分析，认为城市群的集散主要沿交通干线展开。通过城市群内部不同等级城市的集散作用，能够形成由国家城市群—地区城市群—地方城市群构成的城市群梯度链，通过经济上的合理分工和协调发展构成城市发展体系、产业发展体系、技术扩散体系和市场组合体系②。

再如，中国珠三角地区城市群依赖于该地区的铁路、公路、河运、海运、航空等多种运输方式组成的立体交通运输网的形成。处于该城市群的铁路有京广、京九、广梅汕和广茂湛等，高速公路和国道公路有广深、广佛、广三、广花、惠深等，港口有广州港、深圳港、珠海港和肇庆港等，机场有广州白云国际机场、深圳宝安国际机场和珠海金湾机场等。此外，该城市群还包括拥有世界第三大海港和国际航空中心的香港，以及重要的海港城市澳门③。上述交通运输网络将该网络中的国家级大都市、区域性大都市、地区中心城市和地方中心城市收纳为网络节点城市，从而建立起具有该地区特色的城市群地域结构。

---

① 朱英明．我国城市群地域结构特征及发展趋势研究［J］．城市规划汇刊，2001（4）：55-57，80.

② 朱英明．我国城市群地域结构特征及发展趋势研究［J］．城市规划汇刊，2001（4）：55-57，80.

③ 朱英明．我国城市群地域结构特征及发展趋势研究［J］．城市规划汇刊，2001（4）：55-57，80.

### 5.3.3　以铁路和高铁为例

如果想进行更具体的分析，最好的例子莫过于铁路对城市的塑造和影响。铁路干线对城市与贸易中心的位置、未来的发展及城市间的联系等方面具有强大的导向与控制作用。一方面，铁路干线会使陆路城市的对外交通口岸发生变化，决定了城市对外口岸的方向，形成城市沿铁路干线方向呈带状空间扩展的模式；另一方面，铁路干线在催生新城镇时会推动老城市升级，进而推动整个地区的城市化进程。据统计，目前在我国所有的城市中，3/5 以上的城市分布在铁路沿线，所有大城市、特大城市及 4/5 以上的中等城市都有铁路通过。我国有 5600 多个火车站，在国家铁路交会处形成 200 多个网络节点城市，其中 70 多个城市位于干线与干线的交点处。①

中国高铁的开通更是引起了学者们的关注。在高铁的正面效应方面，学者们认同高铁的出现增强了沿线城市的经济实力，促进了人员流动，加速和扩大了信息、知识和技术的传播，从而带动了沿线城市的经济发展。高铁的正面效应具体表现在 3 个层面：通过降低长距离城市间的联动时间成本和经济成本在城市群中产生“同城效应”；通过提高铁路枢纽的绩效在城市层面产生促进城市重新定位、产业转型的“催化效应”；通过高铁综合客运枢纽带来的大量人流、物流，获得“联动效应”。

现代城市的成长遵循“循环与累积因果原则”（Principle of Circular and Causation），交通运输条件的改善是城市循环与累积效应的

① 陈有孝，林晓言. 铁路长大干线对沿线城市发展的影响研究［J］. 开发研究，2005（4）：67-70.

重要诱导剂和强大触发力①。中国社科院的《高铁对城市群的影响》研究报告（2010）归纳了高铁对城市群发展的4种效应：第一种是时空效应（可达性效应），指快速客运网络从时间上拉近了城市间的距离，使经济要素流动的速度加快；第二种是边界突破效应，指快速客运网络扩大了经济要素集聚与扩散的空间；第三种是区位增强效应，指交通区位发生变化，设站地区的投资环境改善，引来资源要素的汇聚；第四种是要素整合效应，指城市可能形成新一轮的资源整合②。

为了获得更多的经验，国内学者也对国外城市因开通高铁而获得发展和转型的大量实例进行了梳理。落后地区外部可达性因高铁的出现得到了改善，经济吸引力明显增强，经济潜力得到挖掘。德国高速铁路系统（ICE）覆盖的地区几乎都是具有优势产业的城市，如鲁尔、慕尼黑、斯图加特、法兰克福和汉堡等，这些经济中心早在德国高铁出现之前就已形成。因此，ICE改变的主要是那些大城市之间的中小城市，高铁的出现和覆盖使其获得了发展机遇。其中有一个经典的案例是德国黑森州的卡塞尔市。该城市人口不到20万，经济发展主要靠承接大城市的产业扩展来推动。ICE中的汉诺威—乌尔茨堡高速铁路经过该城市，坐ICE可在一小时内从卡塞尔到法兰克福或汉诺威。高速铁路缩短了交通时间，使卡塞尔更容易承接周边大城市的产业转移，随着ICE的全线使用，城内办公室的租金

① 郭苏明，夏兵．高速铁路对沿线城市的影响［J］．南京林业大学学报（人文社会科学版），2012（9）：78-83.

② 王缉宪，林辰辉．高速铁路对城市空间演变的影响：基于中国特征的分析思路［J］．国际城市规划，2011（1）：16-23.

在一年里提高了20%，通信、金融和酒店管理成为这座城市的主要产业。① 再如法国城市里尔。里尔是法国传统的工业城市，位于3个国家的首都——伦敦、巴黎和布鲁塞尔的中心，具有良好的区位条件，但里尔在1993年巴黎—里尔高速铁路建成后才利用这种区位优势成功实现转型，从工业城市转变为以商务办公为主的城市②。

在高铁的负面效应方面，也有学者进行了研究，主要从“虹吸效应”角度展开。新经济地理学理论认为高铁有“虹吸效应”，即开通后有可能会增强区域中心城市对高铁沿途非中心城市的经济集聚力，导致这些非中心城市的经济增长率下降。有学者利用2001—2012年地级市面板数据和双向固定效应模型证实了高铁的“虹吸效应”，即高铁削弱了沿途非中心城市的增长潜力③。

在国外，因高铁出现而逐渐失去发展机会的城市也很多，例如日本城市名古屋。日本的新干线开通后，都市圈之间的人口和资本流动更加便捷，名古屋因吸引力弱于东京和大阪都市圈而略有衰退迹象④。

总之，根据全球城市区理论，现代交通发展将推进现代服务业、高新技术产业等基于面对面交流和弹性交流的部门在空间上的集聚。城市功能在便捷的区域联系网络（高速公路、高速铁路等）影响下

---

① 戴帅，程楠. 高速铁路对城镇群及中小城市发展的影响［J］. 规划师，2011（7）：7-12.

② 刘继广，沈志群. 高铁经济：城市转型的新动力［J］. 广东社会科学，2011（3）：20-26.

③ 张克中，陶东杰. 交通基础设施的经济分布效应——来自高铁开通的证据［J］. 经济学动态，2016（6）：62-73.

④ 刘继广，沈志群. 高铁经济：城市转型的新动力［J］. 广东社会科学，2011（3）：20-26.

呈现分散和再集中的态势，网络联通地区形成大都市区、多中心城市、巨型城市区的区域城市形态。区域成为全球化背景下国家参与国际竞争的主体，各国可以利用多样化政策等手段提高区域竞争力从而融入世界城市体系①。

## 5.4 “一带一路”和城市发展

后工业时代，在全球化与地方化的影响下，世界城市体系出现了网络化发展的新趋势，并在跨国公司的影响下逐渐出现了空间重组现象。这些跨国公司通过航空流、互联网骨架网络等方式在全球范围内搜寻新的资源，并借此实施扩张，由此带来的货物生产、交通运输、劳动力流动、技术扩散和信息传递等活动逐渐对城市网络发挥了重塑作用。这些城市网络往往会受到地理空间的约束，在全局视角下，如果某个城市与网络中的其他城市连接时经过的节点数过多，则不利于该城市在该网络中获得发展，会导致该城市长期处于欠发达状态，当地政府所制定的城市发展赶超政策也难以奏效。因此，能够重塑城市网络的中国“一带一路”倡议，尤其是“五通”目标中的“道路联通”，将对“一带一路”沿线城市的后发赶超和经济重塑等政策产生深远的影响。

### 5.4.1 六大经济走廊和城市发展

运输成本的高低会影响国际贸易的开展，因此两地之间的距离远近常被视为一种自然的关税。中国在“一带一路”倡议中提出实

① 周恺．长江三角洲高速公路网通达性与城镇空间结构发展［J］．地理科学进展，2010（2）：241-248.

现基础设施的互联互通，特别是提出要实现高速铁路和高速公路的连通，这可以通过缩短运输时间和减少运输成本来促进国际贸易的发展。因此，“一带一路”倡议中的道路联通建设是其他“四通”，即政策沟通、贸易畅通、货币流通、民心相通顺利实行的保障和基础。

我国从 2015 年 5 月起以道路联通建设为基础与“一带一路”沿线国家正式规划了六大经济走廊——中蒙俄、新亚欧大陆桥、中国—中亚—西亚、中国—中南半岛、中巴和孟中印缅，大规模推进铁路、公路、天然气管道、电力等基础设施的建设项目，还制订了一系列与沿线相关国家的经济合作计划。国内外“一带一路”沿线的大量地处偏远地区的内陆城市，如果能够充分利用这个发展契机来弥补自身地理位置相对封闭、资本不充足、技术水平落后等缺陷，有望获得跨越式发展。

以新亚欧大陆桥经济走廊为例来加以说明，该经济走廊的起点为江苏连云港市，经山东日照市穿越中国西北地区，贯通亚欧大陆并一直延伸到荷兰的鹿特丹港。在中国广大的西部地区，交通不发达，城市的经济发展水平很低，与其相连的中亚地区同样如此。古代中国西部地区通往中亚地区的陆路交通，从古丝绸之路角度来看，是东西方文明的联系纽带，但随着海洋时代的开启，贸易路线发生改变，沿途城市随之逐渐衰落。如今，在“一带一路”倡议下，新亚欧大陆桥经济走廊成为联通“丝绸之路经济带”核心区的重要交通基础设施建设区域，涉及中国广大的中西部地区、9 个独联体国家（亚美尼亚、阿塞拜疆、白俄罗斯、摩尔多瓦、哈萨克斯坦、吉尔吉斯斯坦、塔吉克斯坦、乌兹别克斯坦、俄罗斯），以及伊朗、罗马尼亚、斯洛文尼亚、克罗地亚、波斯尼亚和黑塞哥维那、塞尔维亚、黑山、马其顿、科索沃、保加利亚、匈牙利、捷克、斯洛伐克、波兰、德国、奥地利、比利时、法国、瑞士、意大利、英国等众多国家，其中大多数是发展中国家。这条贯通欧亚的经贸之路，将成为推动该区域经济增长的主要力量，带动沿线所涉及国家和地区的经济发展并重塑相关城市的地位。

如表5-2所示，这六大经济走廊涉及大量节点城市，根据相关规划，对其中的重要节点城市说明如下：

（1）中蒙俄经济走廊分为华北、东北两条路线：华北方向由京津冀联通呼和浩特，至蒙古和俄罗斯；东北方向从大连、沈阳、长春、哈尔滨、满洲里到俄罗斯的赤塔，以此辐射并连接沿海地区，形成海铁联运模式，打通日韩过境我国并出口欧洲的货源通道。该经济走廊主要涉及中国的北京、天津、大连、二连浩特、沈阳和长春等城市，蒙古的乌兰巴托等城市，俄罗斯的赤塔、伊尔库茨克、莫斯科、圣彼得堡等城市。

（2）新亚欧大陆桥经济走廊（第二亚欧大陆桥）贯通亚欧大陆，从江苏省的沿海城市——连云港市出发，然后穿越西北地区并一直延伸到荷兰的鹿特丹港，主要涉及中国的连云港、西安、兰州、乌鲁木齐等城市，波兰的华沙等城市，德国的柏林等城市，荷兰的鹿特丹等城市。

（3）中国—中亚—西亚经济走廊途经波斯湾、地中海沿岸和阿拉伯半岛地区，从中国新疆出发贯穿中亚五国和伊朗、土耳其等国，主要涉及中国的乌鲁木齐等城市，乌兹别克斯坦的塔什干等城市，哈萨克斯坦的阿拉木图等城市，伊朗的德黑兰等城市，土耳其的安卡拉、伊斯坦布尔等城市。

（4）中国—中南半岛经济走廊以沿线国家的 9 条跨境公路为框架覆盖了大湄公河流域，以中国昆明为中心辐射至新加坡、缅甸、泰国、越南等地，主要涉及中国的南宁、凭祥等城市，缅甸的仰光等城市，越南的河内等城市，老挝的金边等城市，泰国的曼谷等城市，新加坡等。

（5）中巴经济走廊以新疆喀什、阿图什等城市为中心区域，经塔什库尔干、红其拉甫口岸进入巴基斯坦，经巴基斯坦的苏斯特、洪扎、吉尔吉特、白沙瓦等城市后分为东西两线：西线从伊斯兰堡经奎达等城市到达瓜达尔港，全长 4625 公里；东线考虑建高铁从伊斯兰堡经苏库尔和海德拉西等城市到卡拉奇。主要涉及中国的喀什等城市，巴基斯坦的白沙瓦、伊斯兰堡、拉合尔、卡拉奇等城市。

（6）孟中印缅经济走廊设想通过“三横五纵”综合运输通道串起一条从中国昆明经缅甸、孟加拉国到印度东北部加尔各答的狭长经济带。其中，“三横”指从印度的加尔各答出发，沿海岸线、边境线及河流线的横向通道分别延伸至缅甸的土瓦、泰国的湄索、中国的腾冲口岸；“五纵”指从中国的昆明出发，分别从打洛、清水河、瑞丽、弄岛、猴桥口岸和“三横”通道相连，延伸至加尔各答的纵向通道①。该经济走廊主要涉及中国的昆明等城市，缅甸的仰光、曼德勒、内比都等城市，孟加拉国的达卡等城市，印度的加尔各答、马德拉斯等城市。

---

①　张磊.“一带一路”战略与中国少数民族地区社会经济发展［J］. 中央民族大学学报（哲学社会科学版），2016（4）：70-77.

**表 5-2 “一带一路”六大经济走廊与节点城市**

| | 路线 | 涉及中国的省（区、市） | 涉及中国以外的国家和地区 | 重要节点城市 |
|---|---|---|---|---|
| 中蒙俄经济走廊 | 一是从京津冀到呼和浩特，再到蒙古和俄罗斯；二是东北通道，沿中东铁路从大连、沈阳、长春、哈尔滨到满洲里和俄罗斯的赤塔 | 北京、天津、河北、内蒙古、辽宁、吉林、黑龙江 | 俄罗斯、蒙古 | 北京、天津、大连、二连浩特、沈阳、长春、乌兰巴托、赤塔、伊尔库茨克、莫斯科、圣彼得堡等 |
| 新亚欧大陆桥经济走廊 | 东起中国的连云港、日照等沿海港口城市，西行出境穿越哈萨克斯坦等中亚地区，经俄罗斯、白俄罗斯、乌克兰、波兰、德国等国的口岸，抵达荷兰的鹿特丹港，全程长达 11000 公里左右 | 江苏、安徽、河南、陕西、甘肃、青海、新疆 | 亚美尼亚、阿塞拜疆、白俄罗斯、摩尔多瓦、哈萨克斯坦、吉尔吉斯斯坦、塔吉克斯坦、乌兹别克斯坦、俄罗斯、伊朗、罗马尼亚、斯洛文尼亚、克罗地亚、波斯尼亚和黑塞哥维那、塞尔维亚、黑山、马其顿、科索沃、保加利亚、匈牙利、捷克、斯洛伐克、波兰、德国、奥地利、比利时、法国、瑞士、意大利、英国 | 连云港、西安、兰州、乌鲁木齐、华沙、柏林、鹿特丹等 |
| 中国—中亚—西亚经济走廊 | 从新疆出发，穿越中亚地区，抵达波斯湾、地中海沿岸和阿拉伯半岛 | 新疆 | 中亚五国和西亚的伊朗、沙特、土耳其等 17 个国家和地区 | 乌鲁木齐、塔什干、阿拉木图、德黑兰、安卡拉、伊斯坦布尔等 |

续表

| | 路线 | 涉及中国的省（区、市） | 涉及中国以外的国家和地区 | 重要节点城市 |
|---|---|---|---|---|
| 中国—中南半岛经济走廊 | 以中南半岛为基础，以新加坡为终点，北起中国的昆明和南宁，以公路、铁路网络为主要载体纵贯中南半岛，越南、老挝、柬埔寨、泰国、缅甸、马来西亚等多数国家和地区均处于沿线位置 | 云南、广西 | 越南、老挝、柬埔寨、泰国、缅甸、马来西亚 | 南宁、凭祥、仰光、河内、金边、曼谷、新加坡等 |
| 中巴经济走廊 | 从新疆喀什到巴基斯坦瓜达尔港，全长3000公里 | 新疆、西藏 | 巴基斯坦 | 喀什、白沙瓦、伊斯兰堡、拉合尔、卡拉奇等 |
| 孟中印缅经济走廊 | 经中国昆明出发连接印度、孟加拉国、缅甸三国 | 云南 | 印度、孟加拉国、缅甸 | 昆明、仰光、曼德勒、内比都、达卡、加尔各答、马德拉斯等 |

资料来源：（1）薛继亮．“一带一路”背景下贸易便利化对民族地区贸易开放水平的影响分析［J］．民族研究，2018（5）：30-42，123-124.
（2）寇培颖，牛铮，刘正佳，等．基于自发地理信息的“一带一路”区域陆路交通状况分析［J］．地球信息科学学报，2018（8）：1074-1082. 根据以上资料整理。

### 5.4.2 可达性和城市发展

“可达性”原本是数学的一个分支——图论中的名词，指从图中一个顶点到另一个顶点的容易程度。在城市交通研究中，可达性用来描述两个城市之间的交通联系程度，是道路网络评价中的重要指标。可达性有时候也被表述为交通可达性、路网可达性等。可达性一般用时间来衡量，路网可达性可用路网服务区域内各点间的加权平均交通时间来表达，因此其大小取决于路网密度、路网覆盖度、路网与城市土地使用的协调度等方面。路网的覆盖度可反映一个地区道路网的通达水平，并以此观察其贸易水平和经济发展水平。

可达性与运输成本的关联度，使其对贸易活动的组织有决定性影响。虽然一般说来运输成本取决于运输速度；但事实是，就全球运输的速度而言，海运无论是被排在其他运输方式之前还是之后，都在国际运输领域中起着决定性作用。同时，公路运输尽管比铁路运输的速度要慢，但在联运模式中却比铁路运输有优势。由于世界贸易 3/4 的吨位与远洋船舶运输有关，因此全球最大的城市中有 4/5 都是位于海边的港口城市。①

道路密度不仅与国家人口和经济发展水平有关，更受到地理地形因素的影响。虽然地理空间总是保持着基本的物理结构，但交通技术，尤其是工业时代发展起来的新交通技术，极大拓展了人们进行贸易活动时的空间。两地距离的重要度一直随科技进步而不断发生变化。世界能源技术从蒸汽时代，到燃油时代，再到原子能时代的变革，世界通信技术从使用人力或信号传递信息的有形信号时代，到通过计算机远距离传输的无形信号时代的变革，都改变了两地的可达性，动摇了距离对世界经济和贸易所施加影响的基础。后工业时代两地距离重要度的相对变化，引起了资源的大规模跨国流动，带动了许多新兴工业化国家和新贸易中心城市的崛起。

不少学者利用可达性对“一带一路”沿线城市的发展潜力进行了研究。一份利用自发地理信息 OSM 路网矢量数据的研究，采取点

---

① 加布里埃尔·瓦克曼. 运输、贸易、旅游和世界经济体系［J］. 国际社会科学杂志，1998（1）：16.

线面结合的方式选取了“一带一路”陆路经济带的60个节点城市①、六大经济走廊和亚欧大陆为研究对象，提取基于GIS的路网密度和通行能力的数据并计算了六大经济走廊节点城市的公路可达性，对“一带一路”陆路经济带及亚欧大陆的公路网络空间的分布格局进行了分析。该研究表明，六大经济走廊节点城市的可达性存在明显差异。该研究认为，路网密度是地区路网便捷程度常用度量指标及道路是否满足经济发展运输需求的直观衡量指标，利用各个城市之间的可达性可分析“一带一路”各城市陆路交通的发达程度。联通“一带一路”陆路经济带沿线国家必须通过联通沿线节点城市的方式来实现，而“一带一路”陆路经济带沿线国家的道路通达水平差距较大，因此交通基础设施的互联互通关系着六大经济走廊节点城市的贸易往来，其中高速公路/城市快速路对于贸易运输更为重要。“一带一路”倡议的推进以节点城市为支点，才能实现由“点”（节点城市）及“线”（六大经济走廊）进而达“面”（陆域主要为亚欧大陆）的目标。②

### 5.4.3　以巴基斯坦瓜达尔港为例

巴基斯坦在交通路网方面，根据其财政部统计，截至2017年3

① 该报告选取的60个节点城市具体指：中蒙俄经济走廊的北京、天津、大连、二连浩特、沈阳、长春、乌兰巴托、赤塔、伊尔库茨克、莫斯科、圣彼得堡等；新亚欧大陆桥经济走廊的连云港、西安、兰州、乌鲁木齐、华沙、柏林、鹿特丹等；中国—中亚—西亚经济走廊的乌鲁木齐、塔什干、阿拉木图、德黑兰、安卡拉、伊斯坦布尔等；中国—中南半岛经济走廊的南宁、仰光、凭祥、河内、金边、曼谷、新加坡等；中巴经济走廊的喀什、白沙瓦、伊斯兰堡、拉合尔、卡拉奇等；孟中印缅经济走廊的昆明、仰光、曼德勒、内比都、达卡、加尔各答、马德拉斯等。

② 寇培颖，牛铮，刘正佳，等．基于自发地理信息的“一带一路”区域陆路交通状况分析［J］．地球信息科学学报，2018（8）：1074-1082.

月，公路总里程为 26.44 万公里，其中高等级公路 18.83 万公里，低等级公路 7.61 万公里。巴基斯坦公路密度为 0.32 公里/平方公里，远低于南亚其他国家的水平。巴基斯坦铁路铺轨里程为 11658 公里，运营里程为 7791 公里，其中复线运营里程为 1164 公里，约占铁路运营里程的 15%①。海运方面，目前巴基斯坦共有三大海港，分别是卡拉奇港、卡西姆港和瓜达尔港。其中，卡拉奇港和卡西姆港共同承担了巴基斯坦 95%的国际货物贸易量，瓜达尔港由于缺少与公路和铁路运输网络的有效连接方式，加之港口设施还有待进一步完善，致使其吞吐量有限。总之，巴基斯坦在交通运输方面还没有形成完整的运输网络，运输速度慢且运输能力有限，此外由于各种自然条件的限制，已建的公路会因地质和恶劣天气等原因出现塌方状况，运输因此中断的情况时有发生。由此可以看出，运输可达性对巴基斯坦的城市发展有较大的制约作用。

在城市化方面，作为总人口约 1.99 亿人的世界第六大人口大国，官方统计数据显示，巴基斯坦的城市化进程非常缓慢，2000—2010 年城市居住区的人口比重年均仅增长 0.8%，作为对比，同期南亚地区的平均水平为 1.1%。世界银行估计，2010 年生活在具有城市特征地区的巴基斯坦人口的比重为 55.8%。由于贫困和人口众多，大量巴基斯坦城市人口集聚在城市边缘地区的贫民窟中，这种混杂和隐性的城市化推动了巴基斯坦复合型城市集聚区的形成。根据拉合尔管理科学大学的预测，到 2020 年时巴基斯坦将形成两个 1000 万人口

---

① 中国一带一路网. 2017 对外投资合作国别（地区）指南——巴基斯坦［EB/OL］.（2017-12-18）［2018-11-25］. https：//www.yidaiyilu.gov.cn/zchj/zcfg/14451.htm.

的大型复合型城市集聚区——卡拉奇和拉合尔，此外还可能出现 8 个复合型城市集聚区或城市，分别为费萨拉巴德、古杰兰瓦拉、海德拉巴、伊斯拉堡、木尔坦、白沙瓦、奎达和拉瓦尔品第①。

中巴经济走廊是一条包括公路、铁路、油气和光缆通道在内的贸易走廊，从中国新疆的喀什出发经红其拉甫口岸进入巴基斯坦，终点是巴基斯坦瓜达尔港，全长 3000 多公里。中巴经济走廊北接“丝绸之路经济带”、南连“21 世纪海上丝绸之路”，是贯通南北丝路的关键枢纽。

中巴经济走廊的终点是瓜达尔港，该港口在建设伊始只是当地一个小渔村，距离巴基斯坦最大的城市卡拉奇 460 公里。其所在地俾路支省（Balochistan）是巴基斯坦面积最大、人口最少的省份，经济非常落后。瓜达尔港的重要性在于它是中巴经济走廊的重要节点之一，也是中巴经济走廊的最后一站。该港口是连接中国新疆、阿拉伯海和霍尔木兹海峡的走廊，运营后能将中国石油的运输路程缩短 85%，可使货物直接从瓜达尔港经乌塔尔、库兹达、苏库尔直达巴基斯坦北部地区②，并可通过陆路交通直接与中国新疆的喀什相连。该港口不仅能为当地创造大量就业机会，还可在促进巴基斯坦经济发展的同时为其提供一个远离印度的深水港。因此，瓜达尔港的发展对中国和巴基斯坦均具有重要的经济和区域安全意义。

中国对巴基斯坦瓜达尔港的援建是迄今中国最大的援外工程之

① 卢伟，申兵. 从中长期看中巴经济走廊建设的关键问题［J］. 中国发展观察，2017（5）：71-75.

② 张霆锋. 瓜达尔港预计 4 月投入运营 中国石油运输路程将缩短 85%［EB/OL］.（2015-0 2-21）［2018-11-25］. http：//news. ifeng. com/a/20150221/43205740_0. shtml.

一，援建始于2002年3月，并于2015年11月取得该港口未来43年的运营权。中国在援建瓜达尔港后，已陆续派出了近2万名驻港企业和单位的工作人员，后期人数还会不断增多。在援建5年和后续的运营时间里，中国在瓜达尔港逐步建设了交通、学校和医疗中心等一系列基础设施，给当地经济发展、就业和就医环境带来了巨大的改变，使瓜达尔港从小渔村一跃成为有20万人口的城市，不断吸引人口前往该地居住和工作。按照巴基斯坦方面的想法，希望借助“一带一路”，将该港口发展为全球贸易中心之一，作为远景规划，专家们估计该地区未来20年人口将翻10倍增至200万人①。

## 本章参考文献

1. DEMURGER S, SACHS J D, WOO W T, et al. Geography , economic policy, and regional development in China [G]. NBER Working Paper Series 8897, 2001.

2. 爱德华·格莱泽. 城市的胜利 [M]. 上海：上海社会科学院出版社，2012.

3. 加布里埃尔·瓦克曼. 运输、贸易、旅游和世界经济体系 [J]. 国际社会科学杂志，1998 (1).

4. 乔尔·科特金. 全球城市史 [M]. 北京：社会科学文献出版社，2006.

5. 蔡昉，等. 制度、趋同与人文发展——区域发展和西部开发战略思考 [M]. 北京：中国人民大学出版社，2002.

① 贺斌. 守望瓜达尔港，为中巴经济走廊“点睛” [EB/OL]. (2017-10-13) [2018-11-25]. http://www.qstheory.cn/international/2017-10/13/c_1121796167.htm.

6. 陈有孝，林晓言. 铁路长大干线对沿线城市发展的影响研究［J］. 开发研究，2005（4）.

7. 戴帅，程楠. 高速铁路对城镇群及中小城市发展的影响［J］. 规划师，2011（7）.

8. 郭苏明，夏兵. 高速铁路对沿线城市的影响［J］. 南京林业大学学报（人文社会科学版），2012（9）.

9. 寇培颖，牛铮，刘正佳，等. 基于自发地理信息的“一带一路”区域陆路交通状况分析［J］. 地球信息科学学报，2018（8）.

10. 冷炳荣，杨永春，李英杰，等. 中国城市经济网络结构空间特征及其复杂性分析［J］. 地理学报，2011（2）.

11. 李丹. “一带一路”：构建人类命运共同体的实践探索［J］. 南开学报（哲学社会科学版），2019（1）.

12. 李彦军. 产业长波、城市生命周期与城市转型［J］. 发展研究，2010（6）.

13. 刘清春，王铮. 中国区域经济差异形成的三次地理要素［J］. 地理研究，2009（2）.

14. 林毅夫，刘培林. 中国的经济发展战略与地区收入差距［J］. 经济研究，2003（3）.

15. 刘继广，沈志群. 高铁经济：城市转型的新动力［J］. 广东社会科学，2011（3）.

16. 刘静玉，王发曾. 城市群形成发展的动力机制研究［J］. 开发研究，2004（6）.

17. 卢伟，申兵. 从中长期看中巴经济走廊建设的关键问题［J］. 中国发展观察，2017（5）.

18. 倪晓宁. 中国多重工业化水平测度及相关问题研究［M］.

北京：中国经济出版社，2007.

19. 倪晓宁. 中国城市化的度量与发展取向——一个基于 DEA 的城市化研究 [J]. 城市问题，2007 (6).

20. 倪晓宁. 环境政策背景下的都市农业发展——以北京市为例 [J]. 城市问题，2012 (8).

21. 倪晓宁. 国际投资简明教程 [M]. 北京：中国人民大学出版社，2018.

22. 倪晓宁. 跟着案例学国际投资 [M]. 北京：中国人民大学出版社，2018.

23. 沈坤荣，耿强. 外国直接投资、技术外溢与内生经济增长——中国数据的计量检验与实证分析 [J]. 中国社会科学，2001 (5).

24. 王会玲. 未来城市的竞争原动力和主要经济增长点：发展城市软实力 [J]. 产业与科技论坛，2012 (17).

25. 王缉宪，林辰辉. 高速铁路对城市空间演变的影响：基于中国特征的分析思路 [J]. 国际城市规划，2011 (1).

26. 魏后凯. 外商直接投资对中国区域经济增长的影响 [J]. 经济研究，2002 (4).

27. 魏后凯，贺灿飞，王新. 外商在华直接投资动机与区位因素分析——对秦皇岛市外商直接投资的实证研究 [J]. 经济研究，2001 (2).

28. 徐康宁. 论城市竞争与城市竞争力 [J]. 南京社会科学，2002 (5).

29. 薛继亮. “一带一路” 背景下贸易便利化对民族地区贸易开放水平的影响分析 [J]. 民族研究，2018 (5).

30. 杨家文. 信息时代城市结构变迁的思考 [J]. 城市发展研究，1999 (4).

31. 朱英明. 我国城市群地域结构特征及发展趋势研究 [J]. 城市规划汇刊，2001 (4).

32. 张克中，陶东杰. 交通基础设施的经济分布效应——来自高铁开通的证据 [J]. 经济学动态，2016 (6).

33. 周恺. 长江三角洲高速公路网通达性与城镇空间结构发展 [J]. 地理科学进展，2010 (2).

# 第六章 后工业时代城市发展实力竞争

有学者认为，工业城市的时代在西方已经一去不复返，其依据是美国在 1950 年时最大的 16 座城市中，布法罗、克利夫兰、底特律、新奥尔良、匹兹堡和圣路易斯这 6 座城市在随后的发展中人口下降了一半以上，除了政治上的管理不善，主要可以归咎为这些城市的产业发展没有随着科技进步而改变①。那些摆脱了衰退命运的老工业城市，其经验无非是实现了产业高级化发展，或者实现了产业多元化发展。想要重新振兴那些衰退中的工业城市，就需要抛弃原有的城市产业模式，不妨将底特律和纽约对照分析一下。据记载，纽约在 20 世纪 50 年代末是美国最大的服装生产基地，该产业雇佣的工人总数比底特律雇佣的汽车业工人总数还多 50%。到 20 世纪 70 年代，这两个城市都因为支柱产业的萧条而衰退。但如今，提起底特律人们想起的是汽车和衰退，提起纽约人们想起的却是金融业和繁荣。

城市是知识汇集的中心，是知识产生、储存、使用、交换的场所。城市同样也是信息汇集的中心。通信和计算机技术在后工业社会中得到广泛普及，它强化了信息流的作用，给整个人类社会带来

① 爱德华·格莱泽. 城市的胜利 [M]. 上海：上海社会科学院出版社，2012：39.

了巨大的变化，在削弱城市作为汇集知识和信息中心地位的同时，悄然无声地改变着城市空间结构——在推动城市由近郊往远郊不断扩散的同时，也在推动全球性或者国际性大都市的出现和发展。依托人口较为密集的大城市发展起来的信息产业，帮助人类突破了地理空间对生产要素的限制，使得人口和产业的空间布局有了更多选择余地，同时也使信息本身成为生产要素。①

## 6.1　信息时代的全球城市

历史上，工业时代要求有人口集中的城市作为发展基础，城市经济的中心化特征是工业化的结果。如今，随着全球进入信息时代，互联网已经成为和道路交通一样普及的基础设施，网络的出现使中心化已经不再是城市唯一的发展模式，去中心或者说扁平化发展成为越来越常见的现象。

在这个以互联网为商业纽带的信息时代中，后工业社会的城市处在由经济全球化、政治多极化、信息网络化和文化多元化共同构成的网络中。其中，世界城市或者说国际大都市处在主要节点位置，是大都市的高端形态，对于所在国家和区域的经济、政治、文化等诸多领域具有举足轻重的影响力。

从理论上来看，目前就城市所处的经济大环境而言，依然符合20世纪30年代英国经济学家罗伯逊所提的“对外贸易是经济增长发动机”理论。他认为后发国家可以通过对外贸易，尤其是出口增长来带动本国的经济增长。因此，一国经济发展随着经济全球化程

---

①　杨家文. 信息时代城市结构变迁的思考［J］. 城市发展研究，1999（4）：5.

度的提高会越来越依赖国际市场。

从现实情况来看，随着资源禀赋优势的改变，新兴经济大国在经历多年持续快速经济增长后，会逐渐失去综合成本上的优势，必须面对并解决全球化中出现的新问题。因此，信息时代的城市必须主动应对来自外部的压力和自身可持续发展的要求。

在信息时代，知识产品的国际贸易是连接不同城市的重要纽带，与普通商品的国际贸易有类似的一面——由区域性的相对优势驱动，在不同国家间的价差超过流通成本时发生。世界经济在运输和通信成本不断下降的过程中不断迈向全球化。过去为了利用各国资源优势将制造、研究、设计、融资部门放在不同国家是难以想象的事情，而如今人们对此习以为常。这种跨越国家的普遍的资源配置方式推动了世界城市的出现和发展。世界城市散布于全球，具有完善的基础设施，成为国际性的管理中心和服务业集聚之地。在一定程度上，可以认为今天信息时代的世界城市是对历史上海洋运输时代产物的港口城市的替代和升级①。

以北京为例，作为中国的首都、政治和文化中心，当面对来自全球化的竞争时，北京充分把握中国加入世贸组织的机遇，加快经济对外开放的进程，将自身定位为未来的世界城市，并为建设“世界城市”制定了“三步走”发展战略。在这样的情境下，面对外部竞争压力和内部发展要求，北京只有打造自身的软实力才能在国际市场竞争中立于不败之地。在软实力的构成要素中，科技创新能够通过产品异质化在市场激烈竞争中赋予产品更多的竞争力，也就是说，企业的自有知识产权会通过赋予产品独特、丰富、持久的内涵

① 杨家文. 信息时代城市结构变迁的思考［J］. 城市发展研究，1999（4）：5.

令其维持长久的竞争力。因此，信息时代城市在软实力竞争中的知识产权战略很重要，北京只有重视知识产权的管理和保护，才能提升自身在世界经济网络中的地位，吸引跨国公司总部聚集，并将本地的生产、消费、服务等行业融入整个全球网络，实现建设世界城市的目标。

从历史角度来看，英国、德国、日本和美国等既是世界经济强国也是世界贸易强国，创新是其发展进程中促进经济增长、保持和提升贸易竞争力的关键。而近期的贸易摩擦也表明，自主知识产权是影响贸易条件和产业竞争力的重要因素。经济学家们早已通过"雁行模式"论证了国际贸易和产业结构升级之间的关系，也揭示了创新带来的生产效率国际化差异对产业专业化模式、产业长期增长率、产业结构和经济政策的重大影响。

## 6.2　城市的软、硬实力竞争

"软实力"（Soft Power）最初是一个政治学领域的概念，用来概括性地描述综合国力中的无形要素和非物质要素，由美国学者约瑟夫·奈在其 1990 年的著作中提出①。自那之后，提升国家、区域、产业、城市、企业等的软实力话题便受到广泛关注。

那么，什么是城市的软实力？软实力是城市综合实力和竞争力的重要组成部分。有学者认为，城市综合实力是一个城市所拥有的包括物质力量和精神力量在内的全部实力和对外影响力，其中物质力量是城市生存和发展所必须拥有的硬实力，而各种精神力量、文

① 约瑟夫·奈，王缉思．中国软实力的兴起及其对美国的影响［J］．世界经济与政治，2009（6）：6-12，3.

化力量和对外影响力则称为城市的软实力①。随着全球化的深入和互联网对经济和社会发展的影响加大，讨论城市的未来不能再像过去那样单纯讨论有形的工业和商业竞争问题，还要关注软实力带来的无形竞争问题。但究竟什么是软实力，却难以一言穷尽。

站在政治学角度上，约瑟夫·奈认为硬实力是军事力量、经济实力、硬件设施等能够对他人产生强制的能力，而软实力是文化、价值观和政策等与意识形态相关的能够塑造他人行为偏好的能力。软实力与硬实力相辅相成，都通过影响他人的行为来达到自身的目的，但二者的行为性质和资源实在程度不同，软实力资源是无形的，倾向于与同化性或吸纳性力量联系在一起，而硬实力资源是有形的，与命令性或者支配性力量联系在一起②。软实力在国际贸易中可以表现为科技创新力、制度创新力、消费文化渗透力、国际经济规则控制力等，在经济全球化中软实力体现了新的比较优势③。

不少学者将城市软实力与国家软实力类比，对城市软实力的概念和内涵加以定义，将其视为诸如区域文化、价值观念、制度机制、城市形象、市民素质等能够对他人产生吸引力和凝聚力的要素。国内还有不少学者根据约瑟夫·奈的观点，将软实力看成一个包含了众多关联子系统的复杂大系统，尝试通过这样的理解来建立城市软实力评价体系。例如，直观地将所包含的子系统分为城市文化、政

① 马志强．论软实力在城市发展中的地位和作用［J］．商业经济与管理，2001（4）：28-31.

② 张勇，王树林．软实力与硬实力：一个新的分析框架［J］．重庆工商大学学报（社会科学版），2009（8）：17-21.

③ 许军．软实力——美国在国际贸易中的新型比较优势［J］．国际商务，2004（4）：5-10.

府管理、城市开放度、人力素质、城市形象等五大类①；或将子系统分为文化号召力、教育发展力、政府执政力、城市凝聚力、社会和谐力、形象传播力、区域影响力、环境舒适力等八大类②；又或者将软实力子系统定为城市文化、教育发展、公共服务及城市环境③；等等。

然而，现有部分研究过于将城市软实力聚焦于文化和沟通方面，过于将“国际组织、会议产业、传媒和影视业”等看成“提升城市软实力的倍增器”④，从而忽视了一个城市的科技创新精神，忽视了软实力发挥作用的基础仍然是一个城市的硬实力。没有经济未来的城市一切都将随之散去，历史上不乏这样衰落的城市。城市如此，国家亦如此。

随着讨论的深入，更多学者赞同软实力是一种后天借由创造力、主导力和适应力获得的非物质形态资源，具有后发优势且短期内不易被复制并有独占性。但建立在硬实力基础上的软实力不等于影响力，它无法脱离硬实力而单独发挥作用。在这样的认识基础上，不少学者开始将科技创新力纳入软实力，并认为软实力首先由科技及制度上的创新力构成，其提升仰仗于经济全球化背景，其实现则以

---

①　龚娜，罗芳洲．“城市软实力”综合评价指标体系的构建及其评价方法［J］．沈阳教育学院学报，2008（6）：28-31.

②　陶建杰．城市软实力评价指标体系的构建与运用——基于中国大陆50个城市的实证研究［J］．中州学刊，2010（3）：112-116.

③　任宏，喻丽君．城市软实力与硬实力协调发展度测度——以湖北省12市为例［J］．工程管理学报，2018（5）：45-50.

④　庄德林，陈信康．国际大都市软实力内涵、塑造经验与启示［J］．中国科技论坛，2010（4）：70-76.

信息技术为重要前提①。

不妨再次回顾一下硅谷（Silicon Valley）的发展历程，硅谷通过政府政策的激励而发展起来，是一个观察城市软、硬实力变化的良好目标。硅谷是一条近50公里长的狭长谷地，过去是一片果园和葡萄园，起先仅包含圣塔克拉拉（Santa Clara）山谷，主要在圣塔克拉拉县和圣何塞（San Jose）市境内，之后逐渐扩展到周边如圣马刁县（San Mateo County）和阿拉米达县（Alameda County）的部分地区。因此，从严格意义上讲，硅谷实际上不是一个地理名词，在地图上一般不做标注。但现在，硅谷是美国重要的电子工业科技聚集区，也是世界最为知名的电子工业集中地，俨然构成了一个小型城市群。硅谷发展依托的不是地理优势和资源优势，而是知识优势。当初政府进行激励的原因也很简单——留住斯坦福大学的毕业生，提高当地的经济发展水平。

硅谷在20世纪60年代中期后，以高科技中小公司群为基础，拥有思科、英特尔、惠普、朗讯、苹果等大公司，实行科学研究、技术开发和生产营销三位一体的经营机制；20世纪80年代后，建立了生物、空间、海洋、通信、能源和材料等新兴技术研究机构，最终使该地区成为美国高新技术的摇篮。硅谷2008年人均GDP居全美第一位，达到8.3万美元，以不到全国1%的人口完成了全国5%的GDP。经过50年的发展，硅谷从果园变成美国高科技人才的集中地，集结了世界各国大量的科技人员。

---

① 许军. 软实力——美国在国际贸易中的新型比较优势［J］. 国际商务，2004(4)：5-10.

## 6.3　知识产权保护与产品垄断力

在软实力的构成中，最重要并与硬实力联系最紧密的是科技创新力。科技创新使产品具有差异特征，通过产品多样化塑造了消费者偏好。对科技创新力实施保护的政策和法律，即知识产权的保护政策和法律。

知识产权（Intellectual Property）又称智力成果权。从字面的意思而言，知识产权是无形资产，即智力的权利，意指创造、发明、技术、艺术，以及音乐和文学作品，在首次创作时它们都是无形的，但一旦当它们体现为有形的产品时就变得颇有价值了。

知识产权在信息时代已经演变出宽泛的形式，除了专利、著作权和商标这三大传统形式，目前又出现了工业产权，即与市场相关的无形创作，包括商业名称、商业机密、商业外观设计、商业装潢、工业制图和设计、地理标志、公司手册等方面；此外，知识产权还衍生出了人种生物学知识产权、互联网和软件设计产权，以及有关气味、声音和三维图形的知识产权。

### 6.3.1　知识产权保护的两面性

知识因具有溢出效应而不同于普通商品。根据内生技术进步理论，任何厂商“生产出”的知识都能提高全社会的生产率，如果对知识产权实施保护，就会削弱知识的溢出效应，从而因减缓技术扩散的速度来影响一国的经济增长；但是如果不实施保护，市场失灵将削弱厂商的创新动机，从而因减少技术创新的数量来影响一国的经济增长。国内外学者的理论和实证研究都表明知识产权保护与技术创新间具有高度复杂的关系。正是这种复杂性使知识产权保护制度在实践中具有两面性，并给政府尤其是发展中国家政府的具体操作带来政策上的权衡问题，即在知识产权保护法律的严密性和政府实践操作的灵活性上需要进行一定程度的权衡（见表 6-1）。

**表 6-1　知识产权保护效应和政策实操意愿的权衡**

| 知识溢出方向 | | 国内企业↔国内企业 | | 国内企业→国外企业 | | 国内企业←国外企业 | |
|---|---|---|---|---|---|---|---|
| 时间 | | 短期 | 长期 | 短期 | 长期 | 短期 | 长期 |
| 知识产权保护 | 正面效应 | 鼓励创新 | 发展产业竞争力 | 鼓励创新 | 保护产业竞争力 | 鼓励 FDI 进入 | 鼓励创新 |
| | 负面效应 | 不完全竞争 | 知识外溢受阻 | — | — | 知识外溢受阻 | 产业发展受阻 |
| | 实操意愿 | 保护为主，适当灵活 | | 严格保护 | | 含含糊糊（如“再制造”问题） | |

知识产权保护的正面效应。在产业发展中知识产权保护的正面效应主要体现在以下 3 个方面：

第一，鼓励创新和提升创新能力。这是知识产权保护制度建立的初衷。通过设置保护期限和保护内容等，知识产权保护制度为创新者的权利及收益提供了法律保障，众多学者的研究都表明这有利于推动整个社会的创新活动，并在长期中促进产业竞争力的形成和壮大。通常，知识产权保护强度和技术创新水平显著正相关，这种正相关关系在发达国家和发展中国家都成立。

第二，发展和保护本国产业竞争力。知识产权作为无形资产，对有形产品的市场竞争力主要有两方面影响。首先，以专利为代表的知识产权显著改变了原有产品的功能或者创造出全新的产品，并通过法定知识产权获得市场竞争力；其次，以商标等为代表的知识产权显著增强了产品的差异性，并通过培养和强化消费者偏好来获取市场竞争力。在上述两类情况中，产品在附着知识产权后都获得了更强的市场竞争力，因此，对知识产权实施法定保护能够培养和增强产业竞争力。此外，产品生产过程在经济全球化时代已经被拆分成若干环节，分别置于生产成本全球最低的地区，随后各地区根据该分工进行生产并相应占据该产品价值链的一环，其生产地位和收益分配取决于各自掌握的知识产权等优势因素。事实上，跨国公司尤其是高科技产业的跨国公司早已认识到，利用己方知识产权优势在谈判中达成关联性生产标准或技术标准，是确保长期拥有整个产业竞争优势的重要工具。因此，在全球化视角下，知识产权不仅有助于获取具体产品的垄断竞争力，也有助于借助生产和技术标准获取产业核心竞争力，成为一国谋求良好国际产业分工格局的有力工具。这样，知识和知识产权作为产业竞争核心要素，与产业发展政策产生了更为紧密的联系。

第三，吸引外商投资。在国际投资理论中，不同经济学家都对知识要素的作用进行了肯定。例如，美国经济学家约翰逊在垄断优势理论中认为，企业在东道国的国际投资之所以能够获得垄断竞争优势，是由于其对知识资产的占有和使用，使得当地企业无法与其竞争。另一位美国经济学家邓宁在国际生产折中论中指出，所有权优势、内部化优势和区位优势共同促使企业对外投资。其中的所有权优势是指一国企业拥有他国企业没有或难以获得的生产要素禀赋、产品生产工艺、发明创造能力、专利、商标、管理技能等，它是企业进行国际投资的必要条件。从全球价值链分工角度出发的研究表明，知识产权保护程度提高后，发展中国家更容易吸引拥有高质量产品的发达国家进行技术转移。因此，一个严格保护知识产权的东道国，更有能力吸引外国投资，尤其是吸引那些来自知识密集型产业的投资。

知识产权保护的负面效应主要体现在以下两个方面：不完全竞争和知识外溢受阻。一方面，经知识产权保护制度确立的所有权为市场不完全竞争提供了条件，通过降低市场竞争程度使得该市场组织结构的经济效益下降；另一方面，知识产权保护中设置的保护期限在短期限制了知识外溢传播，不仅对他人基于其上继续进行创新形成一定的制约，也会通过降低知识产权所有权人的创新动机来制约其自身的技术进步，因此在某种程度上有不利于技术进步的一面。

许多学者深入研究后从不同角度给出了知识产权保护具有负面效应的论据。例如理论研究显示，加强知识产权保护会降低技术创新效率；实证研究显示，加强知识产权保护只能在短期内提高技术创新效率，在长期反而会降低技术创新效率，知识产权保护与区域创新能力间存在“倒 U”形关系及“适度”保护才能促进区域创新能力的提升，过于严苛的知识产权保护将阻碍产业集群中企业间的知识技术交流从而降低知识外溢效应并最终降低产业集群的创新能力和创新优势，知识产权保护对企业创新激励的作用受到不同市场结构的影响；等等。

### 6.3.2 知识产权保护的差异化标准

科技创新力作为城市软实力的重要组成部分，需要知识产权制度来保护。知识产权制度是一种国家制度，同时，不同国家的城市，其经济发展和竞争力的提升会受到本国制度的制约或激励，因此对城市科技创新力及知识产权保护问题的讨论必须上升到国家层面进行。

在知识产权保护问题上，一国政府可能因知识外溢效应面临政策权衡问题，并需在知识产权保护与产业发展政策间进行协调。知识外溢也叫知识溢出，其广义含义是指知识扩散和传播的方式，即信息、技术、管理经验等各种知识通过交易或非交易方式流出原先的主体，可以分为两种情况：一种是通过市场交易方式流出，通常称为知识产权交易；另一种是通过非市场交易方式流出，通常称为知识的外部性。在提及知识外溢的大多数情况中，均指狭义的知识外溢，即知识通过非交易方式流出，本文提及知识外溢时也遵循其狭义含义。

狭义的知识外溢常因知识本身具有非消耗性、可共享性、可复制性和易于传播等特点，在外溢过程中导致社会收益高于私人收益，即令知识产权市场处于市场失灵状态，需要政府建立知识产权保护制度加以干预和纠正。然而，在开放经济中，由于知识外溢的受益方和受损方不同，政府尤其是发展中国家政府，对知识外溢引发市场失灵的干预常常处于两难中。具有较强市场干预能力的政府基于自身利益对本国经济发展进行引导时，可能面对如图 6-1 所示的 3 种不同情况，从而令其处于决策权衡的困扰中。

中国正期望通过产业升级来改变原有国际比较优势和竞争关系，进入国际产业分工价值链中的高价值区，这就带来了中国对新技术和新产业发展的迫切需求。因此，对知识外溢效应下的知识产权保护权衡问题加以分析，不仅有利于协调知识产权保护与产业发展政策之间的关系，维护良好的大国形象，也对可持续发展和“一带一路”倡议中的知识产权问题的解决有实践指导意义。

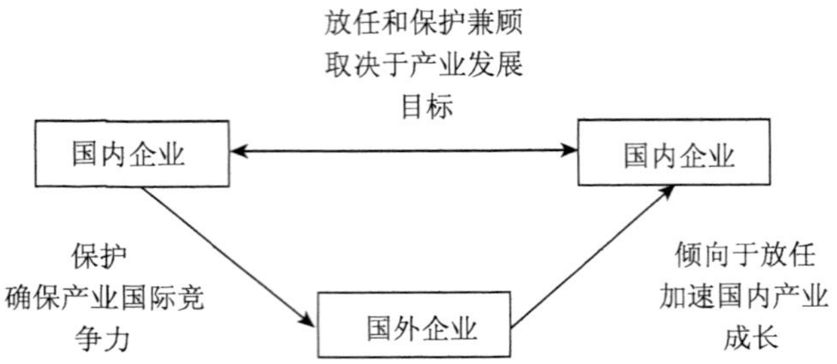


**图 6-1　政府在处理知识外溢问题时可能的利益思考**

一方面，发达国家在当前 WTO 框架下普遍加强知识产权保护工作以促进技术创新和提升产业竞争力，并在与发展中国家的贸易中竭力主张其知识产权的所有权，以维护其经济地位和利益。如图 6-1 和表 6-1 所示，从市场失灵角度来说，最有驱动力支持对知识产权实施严格保护的那方，是在知识外溢过程中获取的私人收益小于社会收益的那方，根据当今全球知识产权分布状况，这一方通常是拥有知识产权数量较多的西方发达国家。

另一方面，发展中国家在实践中，根据自身需求在国际公约许可范围内对知识外溢的受益范围进行了调整，形成了保护程度略有差异的知识产权保护制度，以及不同的政策执行力度。发展中国家在实践中实行差异化保护标准，这在理论上有依据吗？根据中外学者从不同角度开展的研究，主要有以下 3 种结论：第一种，支持发展中国家实施有别于发达国家的知识产权保护政策。对置于南北国家框架下的开放经济体进行研究后得出的结论是，发展中国家若实施较严格的知识产权保护制度，将抑制其对发达国家的技术模仿行为，从而阻碍其技术进步。第二种，支持发展中国家加强知识产权保护。从吸引发达国家投资的角度看，发展中国家加强知识产权保护有利于本国企业受益于 FDI 带来的国际技术外溢效应，从而促进发展中国家的技术进步。第三种，支持发展中国家应审时度势地保护知识产权。在此期间，应区别对待不同产业，因为不同产业实施知识产权保护政策后的效果不同，例如对模仿成本很低的产业而言，政策实施效果基本不受知识产权保护政策是否有差异的影响。过高和过低的保护水平都不利于技术创新，应根据实际情况寻求“最优”知识产权保护水平。

可见，发展中国家对实施差异化保护标准进行政策权衡有其合理性，这不仅在理论上得到了支持，在实践中也得到了普遍应用。新兴工业化国家的产业发展可以划分为生产能力提高、生产设备升级和技能提高、研发创新能力提高，以及品牌优势的国际再配置优化4个阶段，根据产业各阶段特点实施差异化保护有利于新兴工业化国家的产业发展和升级。应该在前两个阶段实施保护力度稍弱的政策，以便获取他国知识外溢的好处。获取发达国家的知识外溢对发展中国家的经济发展非常重要，尤其在一些知识产权已经与技术标准关联的产业中，拥有这些知识产权的发达国家大企业已经拥有了他人难以逾越的国际竞争力。因此，根据不同发展阶段实施差异化保护有利于发展中国家应对如下情形：知识产权政策和产业政策间的关联度由于全球化提升了知识产权的重要性而得到提高，国际竞争问题从以往单一产品和单个企业间的竞争上升为整个产业的国际竞争。

由于发展中国家既需要在相对成熟产业中通过保护知识产权来激励创新，又需要利用知识外溢效应产生的知识共享红利使新知识惠及新兴产业，因此在实践中必须谨慎制定差异化保护政策并权衡其中得失。

## 6.4 知识产权与城市贸易竞争

目前的国际环境显示，新技术和新产业的发展将改变各国的比较优势和国家间的竞争关系，并对国际产业分工及国际贸易格局产生影响；对中国制造业而言，一些关键技术仍依赖国外的状况已经存在较长时间。有关部门的调查显示，美国产品的平均生命周期为3年，新产品的平均设计周期为3个星期；而中国产品的平均生命周期和平均开发周期分别长达10.5年和1.5年。解决中国制造业产品更新周期长、开发能力弱和创新不足等问题显然不仅与产业政策有关，也有赖于加强自有知识产权研发和保护的相关政策的推出。但是，保护知识产权在促进创新的同时，也会带来技术垄断问题，因此，需正确认识知识产权政策和产业政策两者间的关系并对其进行合理对接。

### 6.4.1 知识产权和产业结构

作为无形资产，知识产权既可以直接出售，也可以附着在有形产品上出售，根据其对产品市场竞争力影响方式的不同大致可将知识产权分为两类：第一类知识产权以专利为代表，会显著改变原产品的功能或者创造出新产品，主要通过法定知识专有权获得垄断权从而拥有市场竞争力；第二类知识产权以商标和工业产权为代表，通过突出产品的差异性来增强产品的可识别性，主要通过培养消费者偏好和赢得消费者忠诚度来获取市场竞争力。

关于知识产权对贸易和经济增长的作用，国外学者进行研究后认为，以专利等形式所代表的新发明和新技术是直接决定生产率高低的要素之一，其中又以发明专利最为关键。中国学者研究后指出，1998—2008年间的发明专利对中国全要素生产率的影响远大于实用新型和外观设计专利，印证了国外学者关于原创型创新对经济增长方式转变具有重要作用的结论。因此，一国设立更健全的知识产权保护制度有望获得更高的经济增长率。

具体到新兴工业化国家，知识产权与其制造业发展具有强相关性。上文提及，产业发展在新兴工业化国家中具有为生产能力、生产设备和技能、研发创新能力，以及品牌优势的国际再配置4个阶段，其中研发创新能力和品牌优势的国际再配置阶段与知识产权保护的联系尤其紧密。一国依次经历了这4个阶段的发展后，意味着该国已完成产业升级并从制造业大国变成制造业强国。在产业升级过程中，生产效率的提高通过技术进步、产业技术装备升级和劳动者素质提高等方面来体现；而技术装备升级又具体表现为生产技术手段革新、新技术和新产品开发、生产工艺技术革新，以及生产过程完善等，这些无不与知识产权及知识产权保护密切相关。

目前，中国正从国际贸易大国和世界制造业大国迈向国际贸易强国和世界制造业强国，因此对产业结构升级和产品贸易高级化有较为迫切的需求。当中国的产业结构升级受制于技术性障碍时，经济对知识产权的需求首先来自国内产业结构升级的需求和经济增长的压力。

### 6.4.2　知识产权与国际产业竞争

在经济全球化时代，将产品生产分成若干环节并分别置于全球生产成本最低的地区进行生产已经成为常态，这使得每个地区只生产产品的一部分并只能占据该产品价值链的一环，此时各生产环节和生产单位的产业地位和收益分配由其各自掌握的知识产权等因素决定。在这一协作模式中，是否拥有及拥有什么样的知识产权成为决定性因素。通常，跨国公司尤其是高科技产业跨国公司会利用自己的知识产权优势在谈判中达成与之关联的产业生产标准或产业技术标准，从制度上确保对整个产业的长期竞争优势。

因此，知识产权在全球化视角下对产业的作用不再局限于通过知识产权获取某个具体产品的垄断竞争力，还包含通过知识产权优势设立产业技术标准来获得产业核心竞争力，最后形成有利的国际产业分工格局。国际竞争模式基于知识和知识产权展开的结果是，使得产品通过知识化具有了个性化特征，知识和知识产权由此成为核心竞争要素，新兴工业化国家是否能够通过知识产权掌握技术标准控制权就成为参与国际竞争成败的关键。

然而，与发达国家相比，新型工业化国家在知识产权方面并不占优势，这使其不仅可能因长期依赖比较优势而在国际分工中遭遇产业锁定和比较优势陷阱，还可能因知识产权和产业技术标准障碍被固定在国际分工的低端位置上，长期处于世界产业竞争的劣势一方。因此，新兴工业化国家在产业发展中应健全知识产权保护，激励产业创新，强化产业国际竞争优势，以实现产业升级。

中国作为新兴工业化国家之一，目前多数制造产业仍处于知识产权含量较低的来料加工和贴牌生产阶段，只有少数产业因企业拥有自主知识产权而进入自有品牌生产阶段。这种情况使中国的制造业容易受国际经济波动的影响。因此，在中国加入 WTO 并逐渐形成全方位开放格局后，国内各个产业尤其是战略性新兴产业唯有不断获取自主知识产权才能在与跨国公司的竞争中，有所突破并后来居上。获得国际竞争力成为发展中国家对知识产权产生强烈需求的又一来源。

### 6.4.3　知识产权与城市产业发展分化

长期以来，中国地区经济发展不均衡，城市产业特征既存在同构性，又存在较大的差异性。通常，相邻城市的产业结构具有较高的同构性，例如江苏省的苏锡常城市带。

以北京为例来看，它是全国第一个第三产业比重超过 70%的城市，率先在全国形成了以服务经济为主导的产业结构，截至 2016 年底该比重已超过 80%，而同期全国第二产业和第三产业的比重分别为 39.8%和 51.6%。从霍夫曼的三次产业演进规律来说，相对于其他以第二产业为主体的地区来看，北京的产业结构更先进。出现这样的局面，不仅因为北京市的经济更发达，也因为北京市在摆脱人口、资源和环境承载力对经济发展的约束过程中，注重自主创新对经济增长的促进作用，在产业发展和主导产业选择上着重发展创新型、服务型经济，发展创新型产业集群和现代服务业集群。这种产业结构在特征上仰仗于软实力的培植和发挥，因此具有差异性和专有性，也强化了北京市产业发展政策中的独特性。目前，北京已将生产性服务业打造成经济增长和产业升级的“发动机”。

但是，在城市产业高级化的过程中，第二产业比重的下降并不会削弱知识产权对有形产品的影响。典型工业化国家在工业化后期普遍出现过制造业和生产性服务业深度融合发展的现象，即制造业“服务化”趋势，因此知识产权依然是经济发展的重要推动力。

依然以北京为例来看，尽管北京市第二产业占北京地区GDP的比重截至2016年底仅为19.3%，但第二产业作为产业部门在经济中依然起着既为第一产业和第三产业提供技术支持，又为其提供市场需求的作用，第二产业的作用并不会随着第三产业比重的增加而被弱化。然而在这个阶段，地区间的产业结构特征差异对知识产权政策提出了新的要求，涉及知识产权政策与产业政策的协同，以及地方政府制定的区域政策间的协同，政策协同带来的内生动力可全方位加强产业的国际竞争力。

### 6.4.4 审时度势的城市政策

发展中国家应审时度势选择知识产权保护政策的力度以满足产业发展的需求，因此知识产权保护的两面性对发展中国家的政策实践影响更大：政府希望在技术上尽可能多地享受发达国家技术外溢的好处，以降低创新成本，加快创新力度，实现后发超越目标；但不希望反过来会破坏自有的知识产权保护格局，因此，政府在同一时期会出现保护动机不一致的情况，从而在政策的制定和执行过程中态度左右摇摆。

受各地区经济发展不平衡影响，我国的知识产权保护政策在各地区的执行力度存在差异。一方面，国内产业结构升级和产品贸易高级化过程对知识产权保护产生更多需求，各产业尤其是战略性新兴产业唯有不断获取自主知识产权才能在国际竞争中后来居上；另一方面，有调查显示中国新产品的平均开发周期长达一年半，而美国新产品的平均设计周期为3周，这种现状可能带来为获取知识外溢的好处而对非法技术抄袭及模仿行为采取少作为的政策。结果是，政府在制定政策时，在利用产业政策扩大知识外溢范围和利用知识产权保护激励创新之间，存在某种微妙平衡。如何把握好上述两者间的平衡，审时度势，做到既可由产业政策促进知识外溢效应扩散，又可由知识外溢效应加强措施来促进产业发展，实现经济增长，此时应重点考虑政策之间的协调问题。

在全球化背景下，在制定和实施知识产权保护政策时重视其与产业政策的协同，在资源环境约束下通过创新驱动和科技战略的制定让企业在更高层次上参与全球分工，带来的内生动力可全方位加强企业的国际竞争力。这样做既有利于增强经济增长的动力，又有利于强化创新驱动和经济结构转型升级的导向。对于我国来说，需注意以下 3 点：

知识产权政策与城市产业政策。由于生产要素在国内各地区可自由流动，对国内某个具体的省（区、市）来说，即使将地方性知识产权保护法规和行政条例制定得比其他地区更严厉，在具体实施中也会出现跨区执行难的问题。因此，只有当地区性知识产权保护政策更多倾向于鼓励创新，并与地区产业政策相结合时，才能将创新带来生产力提高的好处落到实处，加快地区产业发展与结构升级的速度。比如，将知识产权政策和产业政策结合，针对现有国家法律制定更详细、更周密的地区知识产权保护执法细则，有助于各城市吸引更多创新成果落户并加快自身的产业结构优化。并且，当诸如北京、上海和广州等中心城市这样做时，还有利于打造地区知识产权服务中心形象，最后通过经济辐射作用完善区域和国家的产业结构。因此，结合产业政策鼓励创新及原创型技术和研发中心落户，以及结合知识产权政策鼓励高新技术产业发展和传统产业技术升级，都将让城市在优化产业结构的同时，通过第二产业的发展来促进服务业尤其是生产性服务业的发展，而发达的生产性服务业正是工业化后期的特征之一。

城市政府间的经济竞争与地区产业协作。在现行体制下，政府行为下的经济决策对经济结构有重要影响。由于地方政府业绩考核与 GDP 挂钩，地方政府间长期存在经济竞争关系，重复建设现象屡见不鲜，经济绩效低下。因此，通过知识产权政策，利用中心城市在专业化与多样性、人力资本积累、信息交流网络、交易效率，以及基础设施等方面具有的优势，鼓励本地制造业创新并率先形成创新驱动发展格局，可以化地方政府间的经济竞争为地区间的产业协作，这对中心城市发挥其地区带动作用和维持其可持续发展具有重要意义。

市场制度建设与加强知识产权保护。国外学者研究发现，市场竞争能够影响知识产权保护制度对创新和增长的促进作用，市场制度越完善，竞争越充分，知识产权的保护作用就越强，从而能够提供更强的创新激励，形成良性循环。这个结论说明了市场制度对获取产业和产品竞争力的重要性。中国的知识产权保护一直以来是司法保护与行政保护双轨并行的模式，其中知识产权行政保护是指对知识产权纠纷的行政处理和对知识产权违法行为的行政查处制度。随着中国改革开放程度加深和在世界产业分工中扮演更重要的角色，未来中国知识产权的行政保护应当更多强调行政的服务功能，由查处知识产权纠纷和违法行为逐渐转变为提供高效的行政服务，通过行政服务来弥补市场制度建设中的不足，为创新提供更多激励，从而为制造业产品获取竞争优势提供更好的制度基础。

## 本章参考文献

1. CREPON B, DUGUET E, MAIRESSE J. Research, innovation, and productivity: an econometric analysis at the firm level [J], Economic of Innovation and New Technology, 1998.

2. MANSFIELD E, Intellectual property protection, foreign direct investment and technology transfer [R]. Washington D. C.: World Bank.

3. 爱德华·格莱泽. 城市的胜利 [M]. 上海：上海社会科学院出版社，2012.

4. 保罗·贝尔琴，戴维·艾萨克，吉姆·陈. 全球视角中的城市经济 [M]. 长春：吉林人民出版社，2011.

5. 彼得·纽曼，安迪·索恩利. 规划世界城市——全球化与城市政治 [M]. 上海：上海人民出版社，2012.

6. 卡拉·希比. 国际知识产权 [M]. 北京：中国人民大学出版社，2012.

7. 约瑟夫·奈. 美国霸权的困惑 [M]. 北京：世界知识出版社，2002.

8. 柏昊，杨善林，冯南平. 技术标准、知识产权与发展中国家的技术创新 [J]. 科技管理研究，2008 (6).

9. 蔡国栋. 我国产业结构升级的瓶颈及其突破思路 [J]. 金融与经济，2009 (6).

10. 邓建志. 中国知识产权行政保护特色制度的发展趋势研究 [J]. 中国软科学，2008 (6).

11. 龚娜，罗芳洲. “城市软实力”综合评价指标体系的构建及其评价方法 [J]. 沈阳教育学院学报，2008 (6).

12. 郭克莎. 中国制造业发展趋势与沿海地区制造业发展战略

[J]. 开放导报，2004（8）.

13. 郭春燕，朱孔来. 城市软实力评价指标体系和测度方法的实证研究——以山东省 17 市为例［J］. 西安财经学院学报，2014（7）.

14. 胡俊文. “雁行模式”理论与日本产业结构优化升级——对“雁行模式”走向衰落的再思考［J］. 亚太经济，2003（9）.

15. 金碚. 全球竞争新格局与中国产业发展趋势［J］. 中国工业经济，2012（5）.

16. 陆军. 世界城市研究——兼与北京比较［M］. 北京：中国社会科学出版社，2011.

17. 倪晓宁. 国际投资简明教程［M］. 北京：中国人民大学出版社，2018.

18. 倪晓宁. 跟着案例学国际投资［M］. 北京：中国人民大学出版社，2018.

19. 马志强. 论软实力在城市发展中的地位和作用［J］. 商业经济与管理，2001（4）.

20. 任宏，喻丽君. 城市软实力与硬实力协调发展度测度——以湖北省 12 市为例［J］. 工程管理学报，2018（5）.

21. 盛世豪，袁涌波. 基于知识产权的国际竞争模式研究［J］. 中国软科学，2008（1）.

22. 陶建杰. 城市软实力评价指标体系的构建与运用——基于中国大陆 50 个城市的实证研究［J］. 中州学刊，2010（3）.

23. 屠启宇. 国际城市发展报告 2012［M］. 北京：社会科学文献出版社，2012.

24. 王亚平. 中世纪的远程贸易和德国城市的兴起［J］. 历史研究，1993（5）.

25. 汪亮. 国际贸易中心城市崛起的经验与启示 [J]. 城市观察，2011 (4).

26. 谢文蕙，邓卫. 城市经济学 [M]. 北京：清华大学出版社，2008.

27. 许军. 软实力——美国在国际贸易中的新型比较优势 [J]. 国际商务，2004 (4).

28. 杨家文. 信息时代城市结构变迁的思考 [J]. 城市发展研究，1999 (4).

29. 姚为群. 全球城市的经济成因 [M]. 上海：上海人民出版社，2003.

30. 杨桃源. 提升中国软实力——解读中央政治局第十三次集体学习 [J]. 瞭望新闻周刊，2004 (23).

31. 于平. 我国制造业发展存在的问题与对策 [J]. 经济纵横，2003 (9)：31-33.

32. 约瑟夫·奈，王缉思. 中国软实力的兴起及其对美国的影响 [J]. 世界经济与政治，2009 (6).

33. 张勇，王树林. 软实力与硬实力：一个新的分析框架 [J]. 重庆工商大学学报（社会科学版），2009 (8).

34. 赵建吉，茹乐峰，段小微，等. 产业转移的经济地理学研究：进展与展望 [J]. 经济地理，2014 (1).

35. 赵彦云，刘思明. 中国专利对经济增长方式影响的实证研究：1988—2008 年 [J]. 数量经济技术经济研究，2011 (4)：34-48.

36. 庄德林，陈信康. 国际大都市软实力内涵、塑造经验与启示 [J]. 中国科技论坛，2010 (4).

# 第七章 信息时代城市观察：北京

有学者利用中国大陆 50 个城市的数据对城市软实力进行了评估①。该学者在城市软实力评估体系中使用了文化号召力、教育发展力、政府执政力、城市凝聚力、社会和谐力、形象传播力、区域影响力、环境舒适力等 8 个一级指标，以及相应的 21 个二级指标和 44 个三级指标。在一级指标中，涉及科技创新的是“教育发展力”，其中包含了二级指标“创新能力”，并在三级指标中使用了“专利申请数”“国际论文发表数”和高等院校的“硕博点数”。该学者的分析结果显示，在目标城市中，北京市的软实力排名第一。其中，北京在 8 个一级指标中得分最高的 3 个指标依次是文化号召力、教育发展力和形象传播力，北京未能在 50 个城市中拔得头筹的一级指标是政府执政力、城市凝聚力、形象传播力和环境舒适力，其中环境舒适力得分为负数 。

## 7.1 城市科技软实力观察

通常，可以通过一个城市的知识产权发展状况来观察该城市的科技软实力强大与否。知识产权随着知识经济和经济全球化的深入

① 陶建杰. 城市软实力评价指标体系的构建与运用——基于中国大陆 50 个城市的实证研究 [J]. 中州学刊，2010 (3)：112-116.

发展，作为国家发展的战略性资源和国际竞争力的核心要素，已经成为建设创新型国家的重要支撑和掌握发展主动权的关键，对城市的发展而言亦如此。

北京市也不例外。2009 年 5 月，北京市政府颁布了《关于实施首都知识产权战略的意见》，旨在落实国家知识产权战略纲要，全面加强知识产权体制机制建设，提高北京市知识产权创造、运用、保护和管理能力。保护并获取知识产权，对确立首都知识产权战略，重视知识产权的战略地位，提高城市知识产权综合能力，增强城市核心竞争力，转变城市经济发展方式，缓解城市人口、资源和环境压力，提升城市的现代化、国际化水平具有重大的战略意义。

### 7.1.1 北京市专利的申请和授权

近年北京市专利申请与授权情况见图 7-1。从图 7-1 中不难看出，北京市的专利申请量与授权量连年呈指数增长的态势。但专利申请量和授权量差额的增加说明，在越来越多的专利申请中，能够通过知识产权机构的审核并被正式授权为专利的成果，与连年增加的专利申请量相比，数量还是有限的。

专利申请量的增长，说明个人、机构和企业的创新和知识产权保护的意识正在提高，创新的热情明显提升。这也与中国的知识产权战略纲要和北京市实施知识产权战略意见的实行和推广密不可分。2017 年当年北京市的专利申请数量高达 185923 件，其中发明 99167 件，发明在专利中的比重为 55.3%；当年获得授权的专利数量为 106948 件，其中发明 40091 件①，发明在专利中的比重为 40.1%。

---

① 资料来源：《北京市统计年鉴（2018）》。

这一数据表明，专利中含金量最高的发明，无论从申请数量还是从获批数量角度来看，北京市还有很大的发展空间。

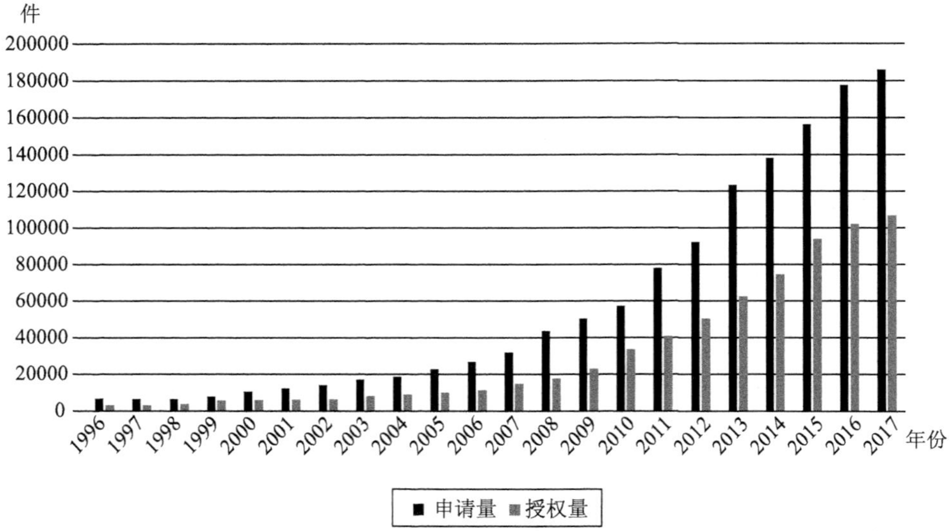


**图 7-1　1996—2017 年北京市专利申请量和授权量**

资料来源：根据《北京市统计年鉴（2017）》的表 20-1 "科技活动及专利情况（1985—2016 年）" 中的数据，以及《北京市统计年鉴（2018）》中的数据整理。

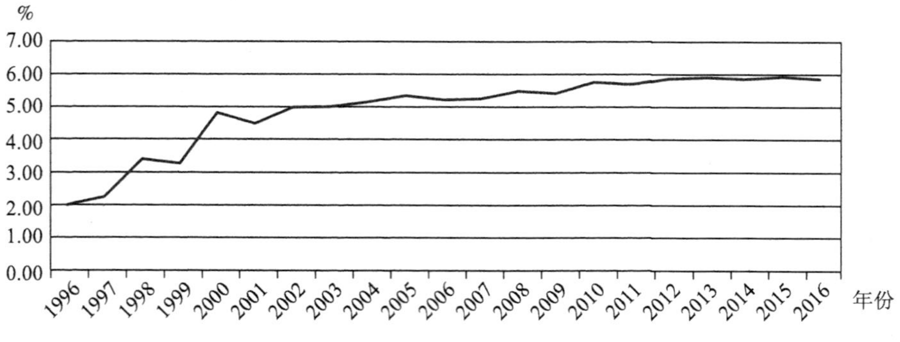


**图 7-2　1996—2016 年北京市研究与试验发展经费内部支出占地区生产总值的比例**

资料来源：根据《北京市统计年鉴(2017)》的表 20-1 "科技活动及专利情况（1985—2016 年）"中的数据整理。

如图 7-2 所示，这是 1996—2016 年间北京市研究与试验发展（R&D）经费内部支出占北京地区生产总值的比例。从这张图可以看出，北京市的研发投入在 2000 年前有一个快速增长阶段，之后基本保持平稳，这一数字在 2004 年以后始终徘徊在 5%～6%，考虑到北京在全国的引领地位，研发投入的这一比重显然有些差强人意。

表 7-1 显示了 2016 年北京市有效发明获得者的情况，很明显，主要的有效专利获得者不是大专院校和科研单位，而是工矿企业。鉴于发明是专利中含金量最高的一种形式，这种情况表明当前北京市有效发明专利的主体是企业，科研院所还需要在科技创新中承担起更多的责任。

**表 7-1　2016 年北京市有效发明专利情况（按对象分）**

| 获得专利的对象 | 工矿企业 | 大专院校 | 科研单位 | 机关团体 | 个人 |
|---|---|---|---|---|---|
| 在全部有效专利中的比重（%） | 59.21 | 17.67 | 17.87 | 1.13 | 4.12 |

资料来源：根据《北京市统计年鉴（2017）》的表 20-18“有效发明专利情况”中的数据整理。

## 7.1.2　北京市专利成果的转化

在数量众多的知识产权中，有相当大一部分只有获得银行的帮助和扶持才能充分和顺利地转化为实际生产力。因此，大力支持和帮助权利人做好知识产权成果的转化正在成为知识产权管理工作中的重中之重。

在长期的实际工作中，客观来看，可以说知识产权转化逐渐成为困难最多的环节，现有的知识产权质押工作和融资制度已经逐渐落伍。在知识产权拥有量大幅度提高的同时，部分权利人在进行知识产权产业化过程中普遍缺乏资金支持，以至于转化速度不快，有的甚至因没有资金而束手无策。这是北京市在拥有越来越多知识产权申请量和授权量的今天，社会各界人士最不愿意看到的情景。

因此，为了解决专利转化速度缓慢甚至无法转化的问题，北京市于 2000 年出台专利资助政策，之后北京市知识产权局和北京市财政局于 2007 年联合发布了《北京市专利申请资助金管理暂行办法》，在之后的 5 年中，北京市共受理 4300 多位申请人的 13.44 万件次国内外专利申请，涉及申报资金 1.26 亿元。相关数据显示，执行资助政策后，北京市国内专利申请量年均增长 28%，专利授权量年均增长 24.7%，国外专处申请量年均增长 79%。

然而，与每年庞大的专利授权量相比，得到资助的专利项目数量还是很少：2007—2010 年间，得到授权的专利数量总计 182720 件，与受到资助的专利相比，有相当一部分没有得到资助，即未能成功转化为生产力，这对于进行该项研究所付出的大量人力和物力来说，是一种浪费。

### 7.1.3 小结

综上，北京市知识产权保护工作在过去若干年中已取得长足进展，专利申请量和授权量均保持连年增长的趋势，增速也相当可观；而针对专利转化问题，北京市也出台了相应的专利资助办法，以促进知识产权的转化，而由此产生的专利申请与授权量的增长情况也十分喜人。然而，参与申请的专利质量较差和专利转化为生产力难这两个问题仍然存在。这两个问题的存在，严重制约着北京市知识产权相关工作的开展，不利于提高相关个人和团体进行专利申请的积极性和创新意识。鉴于知识产权问题在国际贸易及经济发展中的地位越来越重要，北京市应尽力促进知识产权领域各项工作的发展。

对于知识产权管理机构来说，应提高工作效率，使更多的专利申请得到审核；简化申请流程，减少不必要且繁杂的申请步骤，缩短申请人的等待时间；不要擅自放宽或收紧专利审核标准，确保每个申请人都得到公平的对待，也确保每件通过审核并授权的专利的质量不致降低。

对于政府相关部门来说，应继续出台和实行与知识产权有关的政策和战略，提高发明者的创新意识和积极性；出台和修订与知识产权相关的法律，以此来保障专利申请人和专利持有人的利益，制裁侵权行为；加大专利申请资助的金额，确保更多的专利可以转化为生产力，促进经济社会发展；对于一些对经济和社会等各方面有杰出贡献的专利人，政府可加大奖励力度，激励更多的个人和团体申请专利。

只有这样，才能使北京市的经济发展沿着创新道路前进，提高更多个人和团体的创新意识，为北京市的经济和社会发展贡献更多的力量，同时将北京市的出口行业打造得覆盖面更全、创新度更高、竞争力更强。

## 7.2 城市贸易竞争观察

作为中国的首都，北京在新中国成立后经过前两个 30 年的发展，已步入后工业化时代，在各方面都一直对其他城市起到引领和示范作用。同时，北京在发展战略选择中将自身定位为未来的世界城市，并为此制定“三步走”战略。与此同时，中国正在失去综合成本优势，依靠知识产权战略方可在国际市场竞争中立于不败之地，同时也才能吸引跨国公司总部聚集，将生产、消费、服务，以及所在地社会融入全球网络，实现建设世界城市的目标。

进入21世纪，中国对外贸易整体呈顺差态势，但也有个别城市的统计数据反而显示贸易逆差。许多学者开始关注这个问题并展开了研究，研究视角大致可以划分为3类：一类侧重分析对外贸易与经济增长的关系；一类侧重分析汇率波动对进出口贸易的影响；还有一类侧重研究贸易壁垒对外贸出口的影响。

在第一类研究中，国内学者采用实证分析方法研究并检验中国经济增长与外贸的关系。例如，基于北京市1986—2006年数据的研究揭示了北京市进出口总额与经济增长之间的因果关系，当时北京市的经济增长具有显著的出口驱动型特征，出口贸易与北京市经济增长之间存在单向格兰杰因果关系，两者具有长期均衡关系，同时工业制成品出口对北京市经济增长的影响远远大于初级产品出口，是拉动北京经济增长的主要力量。

在第二类研究中，国内学者试图从汇率波动角度来解释北京市出现贸易逆差的现象，一些学者认为北京市出现贸易逆差的部分原因是，近年来中国产品伴随人民币升值而在国际上的价格竞争力逐步下降，同时进口需求不断扩大。

在第三类研究中，国内学者从贸易壁垒方面着重分析了技术壁垒给北京市出口行业所带来的贸易障碍问题。有些学者指出，当前对技术壁垒体系的了解程度不够及缺乏宏观指导是中国出口企业遇到的最大难题，长期来看会严重影响中国出口行业的发展前景。

### 7.2.1 北京市出口产业状况

中国加入WTO后加快了对外开放的步伐，对外贸易环境有了很大程度改善，产生的积极效应使外贸对经济发展的贡献率不断增长。北京充分利用入世所带来的发展机遇，发挥首都的人才和技术优势，并在 2008 年全球金融危机中经受住了考验。

从中国的国际收支平衡表看，2016 年经常项目盈余高达 1963.8 亿美元，其中的货物和服务项下的盈余高达 2499.1 亿美元，长期的贸易顺差一直受到国际社会的关注。针对中国贸易顺差不断扩大的局面，国际上主要开放型经济体不断对中国施加压力，这让中国面临人民币升值及贸易壁垒等一系列严峻的挑战。

从海关统计的进出口数字来看，北京市的净出口总值在经历了十几年的逆差后，在 2013 年达到负的最大值（-3037 亿美元）后开始有所改善，随后几年逆差规模开始逐年减少，见图 7-3。高新技术产品在此期间的贸易逆差形势却不容乐观，并且一直处于持续扩大状态中，见图 7-4；同时，机电产品的贸易也处于逆差中，近年来维持区间震荡格局，见图 7-5。

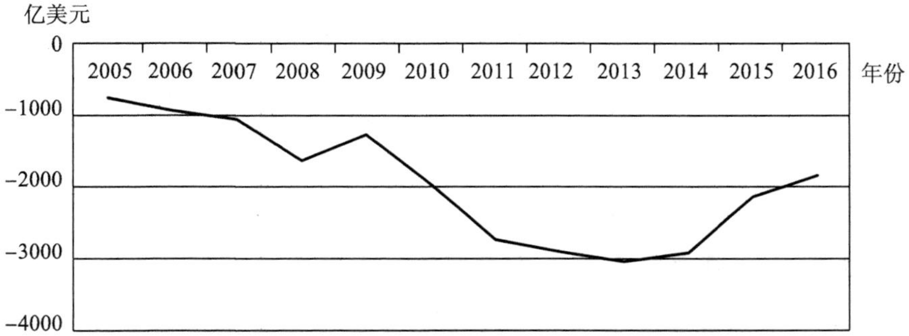


**图 7-3　2005—2016 年北京市净出口总值**

资料来源：根据《北京市统计年鉴（2017）》的表 7-1“北京地区对外经济贸易”中的数据整理。

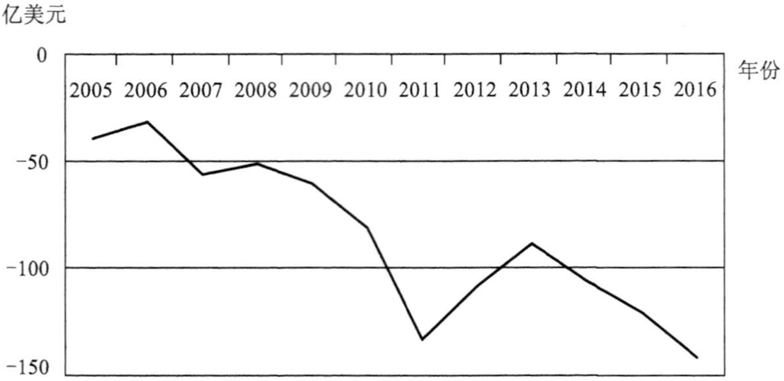


**图 7-4　2005—2016 年北京市高新技术产品的净出口值**

资料来源：根据《北京市统计年鉴(2017)》的表 7-1“北京地区对外经济贸易”中的数据整理。

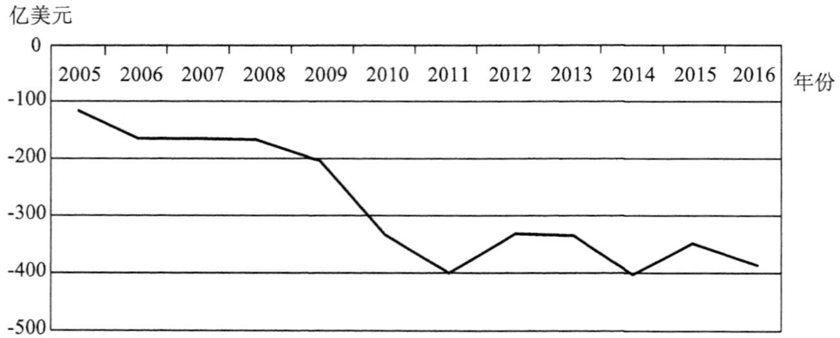


**图 7-5　2005—2016 年北京市机电产品净出口值**

资料来源：根据《北京市统计年鉴(2017)》的表 7-1“北京地区对外经济贸易”中的数据整理。

为什么在全国对外贸易顺差不断增加的情况下，北京市的对外贸易却呈现逆差之势？影响进出口贸易方面的因素有很多，北京市的经济外向化程度很高，汇率变动、固定资产投资、技术壁垒、GDP，以及北京市内物价水平等因素都可能对进出口贸易产生重大影响。从统计角度说，北京统计年鉴对北京地区对外经济贸易表的说明是："进出口总值为海关统计的北京地区进出口数据（包括中央单位）。资料来源：北京市商务委员会、中华人民共和国北京海关。"从这一点来说，该数据反映的是北京海关进出关商品的情况，与北京市本地企业生产然后出口及进口后完全供北京本地居民使用的商品范围，存在一定程度的差异。然而，该数据还是能够反映北京本地商品的出口情况和进口商品的消费情况。

## 7.2.2　北京市主要出口产品

主要出口产品的种类可以按其在北京市出口额中所占的比例进行划分。如表 7-2 所示，根据《北京市统计年鉴（2017）》中的海关数据，北京市最大的出口商品是成品油，占主要出口商品出口额的 37.3%，占比超过 1%的出口商品还有：电话机、钢材、集成电路、服装和衣着附件、汽车零件、汽车、船舶、纺织纱线织物及制品、肥料、医疗仪器和器械、液晶显示板、医药品、电线电缆、塑料制品、自动数据处理设备及零部件、未锻造的铝和铝材。

**表 7-2　2016 年北京地区在主要出口商品出口额中占比超过 1%的商品的出口量及金额**

| 项　目 | | 出口数量 | 出口金额（万美元） | 占主要出口商品出口额的比重（%） |
|---|---|---|---|---|
| 成品油 | （吨） | 26072 | 1120797 | 37.3 |
| 电话机 | （台） | 15618 | 265664 | 8.8 |
| 钢　材 | （吨） | 4992 | 260781 | 8.7 |
| 集成电路 | （万个） | 725 | 192713 | 6.4 |
| 服装及衣着附件 | | 367995 | 179563 | 6.0 |
| 汽车零件 | | 248205 | 176160 | 5.9 |

续表

| 项　　目 | | 出口数量 | 出口金额（万美元） | 占主要出口商品出口额的比重（%） |
|---|---|---|---|---|
| 汽车（包括整套散件） | （辆） | 54 | 104216 | 3.5 |
| 船　舶 | | | 83460 | 2.8 |
| 纺织纱线织物及制品 | | 294172 | 64660 | 2.1 |
| 肥　料 | （吨） | 2591 | 61254 | 2.0 |
| 医疗仪器及器械 | | 373167 | 55220 | 1.8 |
| 液晶显示板 | （个） | 14538 | 49203 | 1.6 |
| 医药品 | （吨） | 22 | 38437 | 1.3 |
| 电线和电缆 | （吨） | 38 | 37143 | 1.2 |
| 塑料制品 | （吨） | 64 | 35948 | 1.2 |
| 自动数据处理设备及零部件 | | 3188 | 34495 | 1.1 |
| 未锻造的铝及铝材 | （吨） | 91 | 29575 | 1.0 |

资料来源：根据《北京统计年鉴（2017）》整理。

### 7.2.3　三大出口行业的情况

#### 1. 轻纺行业变化趋势及原因

轻纺业是人们日常消费品的主要生产部门，也是中国主要出口商品的生产部门。轻纺工业随着中国社会主义市场经济的发展，已经取得了很大的成绩。展望未来，中国轻纺产品的发展将变得更加多元化，但影响其发展的因素也越来越多。近年来随着高新技术的发展及科技进步，纺织品出口行业日渐衰退，如表 7-2 所示，2016 年服装及衣着附件在北京市主要出口商品的总额中所占的比重为 6%，而纺织纱线织物及制品所占比重为 2.1%。

在早期，轻纺是北京市乃至全国的主要出口商品，带动了全国经济的发展。早期轻纺出口行业迅速发展的主要原因有：第一，劳动力成本低廉。当时中国纺织品出口的竞争优势主要在于有丰富而廉价的劳动力，纺织品出口的劳动力成本不到发达国家的1/20，不到中国台湾、韩国等地的1/6。从当时中国整个劳动力市场的供给来看，呈供大于求状态，中西部地区存在大量剩余劳动力。第二，自然资源丰富，产业配套齐全。中国自然资源丰富，棉、丝、麻、毛等自然纤维产量居世界首位。北京市作为全国的经贸中心，是资源配置的枢纽，能获得大量的原材料；而且北京的相关产业配套齐全，存在大量的上游企业，这就保证了纺织品出口行业的稳定发展。第三，价格优势明显。丰富、优质、成本相对低廉的劳动力资源，再加上自然资源丰富、上游产业发达的优势，为纺织品出口行业发挥价格优势来争取市场份额创造了条件。

然而，随着经济的发展，受到劳动力价格上涨等多种因素的影响，轻纺产品出口对北京市海关出口总额及地区生产总值的贡献率逐步下降。导致轻纺产品出口下降最主要的原因有两个：第一个，企业竞争力下降，主要因为出现人工成本上涨，内外棉价差扩大等问题，导致主要西方国家从中国的进口数量下降，而从东南亚进口数量增加，目前有些企业已经将工厂迁往东南亚国家；第二个，2008年全球金融危机导致国际市场需求下降，由于中国纺织品主要出口美国、欧盟等，而这些地区受危机的影响导致需求疲软。此外，金融危机的爆发加快了美元的贬值速度，由于受金融、贸易、政治等多重因素的影响，人民币出现相对升值的现象。这样，就使以人民币计价的出口商品的价格上升现象，削弱了纺织品等低附加值出口产品的价格竞争优势，压缩了纺织品出口的利润空间。与人民币升值伴随而来的是成本上升，在金融危机的影响下，中国生产纺织品的原材料、能源价格上涨，劳动力成本大幅上升，并传导到整个纺织产业链，使得国内纺织企业的产量出现下降。

2. 机电行业变化趋势及原因

20世纪80年代中期至90年代中期的10年中，北京市的外贸增长主要靠轻工产品和纺织品来支撑；从20世纪90年代中期开始，北京市外贸主要靠机电产品的增长来支撑，这从机电产品出口占北京市出口总额的比重上可以明显看出。随着国际分工的不断深化，跨国公司将产品的劳动密集型环节安置到劳动力资源丰富的发展中国家，而核心环节仍留在本国。新的分工方式促进了北京市机电产品的出口，如图7-6所示，2000—2013年北京市机电产品出口额整体上呈现增长趋势，并在2002—2008年经历了一个快速增长期，后虽受2008年全球金融危机的影响，但还是保持了一个缓慢的增长趋势，直到2013年达到389亿美元的峰值后，才开始进入明显的下降通道。

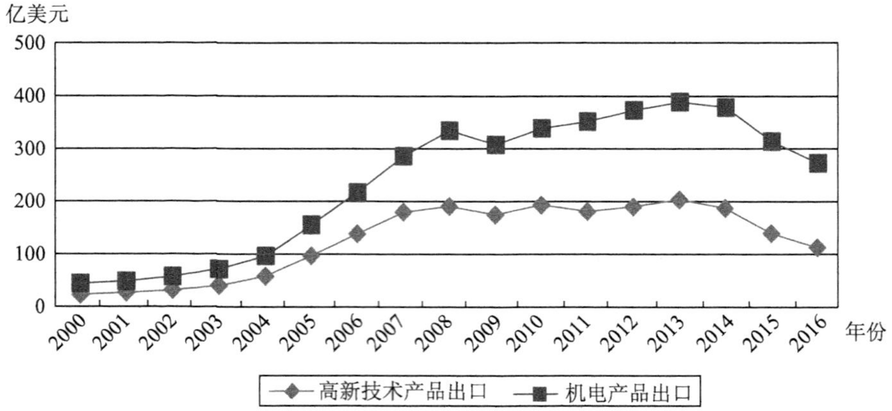


图7-6　2000—2016年高新技术产品和机电产品出口额

资料来源：根据《北京市统计年鉴(2017)》的表7-1“北京地区对外经济贸易”中的数据整理。

北京市机电产品出口早期增长的原因有两个：一是中国外贸体制改革不断深化，加入 WTO 以后又进行关税改革并且实行出口退税政策。而北京市则实施鼓励出口的政策，在促进对外贸易发展的同时，为机电产品的出口提供了良好的外部环境。二是中国的机电工业具有较强的竞争力，配套体系很完整，基础设施比较完备，从低端到高端的产业集群也比较完整。尤其是中国的成套设备、大型单机都具有资金密集、劳动密集、技术密集的复合密集的特点。而 2014 年之后北京市机电产品出口进入下降通道，显然和人民币升值及中国步入新经济周期有关。

2016 年北京市出口的机电产品主要包含汽车及零部件、电线电缆、船舶等。在北京市机电产品出口中加工贸易所占比重较大，以高新产业和加工贸易为特征的外商投资企业是促进北京市高新技术类机电产品出口增长的主要推动力。2016 年北京市机电产品出口企业以外商投资企业为主，个体企业和民营企业也得到了较快发展，而国有企业所占份额则有所下降。外资企业和民营企业的兴起为机电产品的出口注入了活力，大大加快了机电行业的出口步伐。

就出口市场而言，中国机电产品出口的主要市场为亚洲、北美和欧洲，其中向美国、欧盟、中国香港出口的数量最多。出口产品的集中度较高，会形成对特定市场出口的过度依赖，从而增加出口的不稳定性。2008 年的全球金融危机，导致北美、欧盟市场需求疲软，致使北京市机电产品的出口额出现较大幅度下降，冲击了机电产品出口行业的发展。

制约北京市机电产品出口行业发展的因素有以下几个：首先，缺乏自主品牌和核心技术，粗放型增长难以为继。中国机电产品出口档次较低，尤其是拥有自主知识产权和自主品牌的机电产品在出口中所占比重不高，很多机电企业存在产品没有具体技术标准和质量认证体系、创新能力不强、自有产权和核心技术缺乏等问题，科技含量和附加值高的产品不多。另外，随着国外先进技术的引进，因为缺乏法律意识，导致国内企业的知识产权纠纷不断。最为关键的是，中国虽已成为世界彩电、计算机、手机生产大国，但是由于缺乏核心技术，企业却无法分享到更多的利润。

其次，能源、原材料供应紧张，机电产品成本上涨过快。近年来，由于国内外钢铁、铝型材、铜、锌等原材料，以及石油、煤、托运等相关行业的价格上涨，导致附加值低、技术含量不高的传统产品受影响较大，如小型家电、农用机械等产品的出口价格纷纷上涨；但是，其出口价格的涨幅远不及原材料价格的涨幅，这就使企业利润进一步被压缩。

最后，技术壁垒层出不穷，企业发展举步维艰。中国最主要的贸易伙伴是美国、欧盟和日本，而这 3 个经济实体正是对中国出口机电产品实施技术性贸易壁垒的主要国家和地区。这些措施无疑限制了中国机电产品的出口，影响了产品的市场准入。为了达到国际标准的要求，出口企业要改进技术，提高产品质量，改善生产环境，提高产品检测水平，获得和维持相应的国际认证，这些举措都要付出巨大的额外成本，进一步增加了企业的出口成本，削弱了出口产品的价格竞争力。

### 3. 高新技术行业变化趋势及原因

近年来，北京高新技术产业发展迅速，高新技术产品对外贸易持续快速增长，贸易额占对外贸易总额的比重不断增加，成为推动北京对外贸易增长的一个亮点。如图 7-6 所示，近些年北京高新技术产品的出口明显可分为 3 个阶段：第一个阶段，2000—2008 年的增长阶段，其中 2003—2007 年呈现快速增长态势，在 2008 年达到 191 亿美元后，开始进入下一个阶段；第二个阶段，2009—2012 年，这是一个平缓的波动期；第三个阶段，从 2013 年开始至今，处于一个明显的下降通道中。同时，这些年北京高新技术产品的净出口值总体上呈现下滑态势，并且降幅不断扩大（见图 7-4）。

作为全国高新技术产品出口的代表城市，北京市不仅具有能率先引进外国先进科学技术的优势，而且拥有的众多名校也为北京科技水平的发展提供了源源不断的优秀人才，这些都为高新技术产品的出口创造了有利条件，高新技术行业已经成为北京市的主要出口行业之一。加入 WTO 后，北京市政府更加关注产业发展和制造业的竞争力，国家对外开放格局促进了北京的产业结构调整、产品和技术升级。中关村等科技园区的建立，促使越来越多的跨国公司将高新技术产品的加工制造业务转移到中国，有力地带动了以中国为生产基地的加工贸易产品更多地进入国际市场。同时，北京市出台的一系列鼓励高新技术产业发展和技术创新的政策推动了高新技术成果转化和产业化进程，高新技术产品国际竞争力从整体上得到了有效提升。近年来，中国高技术领域吸引的投资也在增长，外商投资企业的高新技术产品出口是影响北京市高新技术产品出口增长的主要因素，外商投资的高新技术产品出口企业是北京市高新技术产品出口增长的支柱。从出口市场来看，发达国家和地区是中国高新技术产品出口的主要市场，致使我国高新技术产品的出口市场相对集中。

尽管近年来北京市高新技术产品出口行业得到了快速发展，但北京高新技术产业距国际先进水平还存在一定的差距，对外贸易仍存在较多的问题，究其原因，主要集中在以下几个方面：

第一，缺乏创新，出口过度依赖外资企业。北京高新技术产品的出口主体是外资企业，且主要采取加工贸易方式。这种大规模进口核心部件和资本品，再大规模出口最终产品的贸易方式，会限制国内企业对关键技术的自主研发能力，使国内企业被锁定在利润较低端的位置，会造成产业自主开发能力萎缩或被排斥，技术依赖倾向增强等后果。外资企业通常将营销环节牢牢掌握在手中，使得国内企业的产品销售严重依赖外商，只能赚取少量加工费，利润和发展空间有限。过分依赖外资企业来带动高新技术产品出口的做法，会给北京高新技术产业的发展带来很大的不确定性，从而影响其长远发展。

第二，加工贸易为主，自有品牌有待发展。加工贸易占主体地位意味着北京高新技术产业中多为生产加工型企业，大多数企业缺乏自主创新能力、核心技术及自主知识产权，很多产品只是“中国制造”，其关键技术主要来自国外。也就是说，北京高新技术产品出口总额的增加并不是来自技术进步，而是依靠劳动力成本优势。缺乏自主创新的支撑，北京高新技术产业及其产品出口的发展必然受到严重制约。

第三，中小型科技企业的对外贸易面临融资难等问题，它们很难通过直接融资形式来解决资金短缺问题，其资金来源主要依靠自有资金，以及借助银行等金融机构进行的间接融资，因此其发展受到限制。

### 7.2.4 小结

北京市的机电行业和高新技术行业在快速发展的同时还存在着不少问题。中国高新技术产品出口以加工贸易方式为主，出口增长随着进口的同步增长来实现，这在一定程度上高估了高新技术产品的国际竞争力。近年来，人民币升值使得北京对高新技术产品的进口规模要远大于出口规模，这也正是北京市贸易逆差不断扩大的原因。如何在人民币升值的压力下，增强出口企业的产品竞争力，从而有效缩小贸易逆差，成为北京市政府亟待解决的问题。

作为首都，北京在文化、政治、科研方面享有独特的优势。这里汇集了大量通晓贸易、管理、法律、计算机等专业的专才与通才，汇集了各种研究机构、咨询机构、高等学府等企事业单位。这些优势无疑为北京整合技术资源提供了极大便利，这是其他任何地方都无法与之相比的。北京应善用上述优势，排除高新技术产品和机电产品出口的制约因素，促进北京技术贸易有序、健康、可持续发展。具体而言，应着眼于以下几方面的工作。

（1）以科研机构和大学为依托寻求技术支持和创新指导。北京众多的科研机构和大学拥有人才、实验室等科研资源，从事的多是基础、前沿的研究，是技术创新的重要源泉。应加强科研机构、高等院校与企业的联系，通畅企业与科研机构、高等院校在技术创新上的交流，为企业提供技术支持和创新指导。

（2）优化出口产品结构，树立自己的品牌形象。在引进、消化吸收、再创造的基础上，充分利用人才优势，努力实现产品的更新换代，增加自主产权成分，逐步实现出口产品由“中国制造”向

“中国创造”的转变。在追求产品出口规模增长的同时，应努力提高产业水平，实现出口产品“质”的飞跃。

（3）加大科研力度，提高出口产品技术含量。北京拥有科技资源比较优势，应充分利用自身的资源优势和科技实力，进一步优化高新技术产业结构；企业也要提高科研投入产出效率，加强核心技术和关键技术的研究与开发，提高高新技术产品的科技含量和附加值，加强北京高新技术产品和机电产品的出口竞争力。

## 7.3 主导产业发展观察

科技的突破、产业的变革、经济结构的调整，是形成新的经济增长点的重要推动力。当今世界新技术、新产业迅猛发展，孕育着新一轮产业革命，新兴产业正在成为引领未来经济社会发展的重要力量，许多国家纷纷把发展新兴产业作为带动经济发展的突破口。目前，中国综合国力大幅提升，科技创新能力明显增强，装备制造业、高技术产业和现代服务业成长迅速，为战略性新兴产业的发展打下了良好基础，新兴产业已成为未来经济、科技竞争的制高点。

新兴产业的布局是区域经济发展水平的集中体现。在经济全球化和区域经济一体化的背景下，在新兴产业蓬勃发展过程中，研究新兴产业布局的意义在于，如何充分利用产业布局理论和效应，将政府作用和市场机制有机结合起来，引导和推动新兴产业发展壮大，促进产业结构的优化，提升新兴产业的国际竞争力，合理有效配置资源。

中国战略性新兴产业正面临难得的发展机遇，同时也面临严峻挑战。北京市自2009年以来先后出台了多项管理办法来促进新兴产业的发展，并为此建立了多个新兴产业基地和科技园区。北京市新兴产业在地域上的分布和组合状况与北京市的经济增长点之间关系密切。新兴产业的布局状况在很大程度上能够决定其在国际上的竞争优势，产业布局对提升区域竞争力意义重大，依据产业布局理论，可以形成有效率的产业链。培育产业增长点，可以加快新兴产业的发展和壮大，构建合理的产业结构，促进区域经济增长。

北京作为首都，近年来在淘汰高污染、高能耗产业的同时，立足科技产业，重点发展新一代信息技术、新能源、新材料等战略性新兴产业，以推动首都经济发展。北京市对于发展前景好的新兴产业主动给予政策支持和大量资金扶持，实施新产业领航工程，引导企业创新并研发具有自主知识产权的技术，实施高技术企业的培育工程，设立战略性新兴产业创业投资引导基金等。因此，研究北京市战略性新兴产业的布局状况对于加快北京经济发展方式转变、推动首都经济发展和促进世界城市的建设都具有重要意义。

### 7.3.1　对产业布局问题的一般认识

产业布局是指产业在一国或一地区范围内的空间分布和组合的经济现象。产业布局在静态上看是指形成产业的各部门、各要素、各链环在空间上的分布和地域上的组合态势；在动态上，表现为各种资源、各生产要素，甚至各产业和各企业为选择最佳区位而形成的在空间地域上的流动、转移或重新组合的配置与再配置过程。

克里斯塔勒提出的中心地理论认为，最低生产成本并不能完全确定企业的最优区位，成本最低也不完全意味着利润最大化，市场因素对产品价格的影响越来越大。因此，西方各国制定了详细的城市更新和产业调整政策，以发展社区经济为主要目的，实现城市的健康发展，把内城更新的主要目标确定在经济方面，调整内城产业布局，促进内城社会经济发展，从总体上提高内城环境的吸引力。杨万钟等人编写的《经济地理学导论》在分析了产业布局的模式后，总结出了产业布局从均质布局—点状布局—点轴布局—网络布局的一般演变规律。

**1. 产业布局的5个原则**

全局原则。产业布局应该以一个国家的地域为界限，因为它是国家干预本国经济的一种方式，而这种方式涉及领土问题，因此必须以国家的领土主权为基础，一个国家是不可能在别国的领土上进行自己的产业布局的。产业布局的目标是使产业分布合理化，实现国家整体利益，因此一个国家的产业布局必须统筹兼顾、全面考虑。

分工协作和因地制宜原则。由于不同地域的自然、经济和社会条件的不同，因此不同地域适合不同产业的发展，在确定地区的专业化生产部门时，应该从地区区情出发，根据地区的具体条件，充分发挥地区优势，发展地区优势产业。如在拥有技术和人才优势的地区，应优先发展技术含量高、附加值高的产业；在矿产资源比较丰富的地方，应优先发展采掘和矿产加工业；在地势平坦、气候适宜、土地肥沃的地区应加强水利建设，优先发展农业和农产品加工业，如此等等。

效率优先和协调发展原则。在产业发展的低级阶段，经济一般表现为集中发展的态势；在产业发展的高级阶段，经济一般表现为缩小地区间经济发展差距的全面发展态势。当一个国家的经济水平处于低级阶段时，其产业布局应该考虑优先发展那些具有自然、经济和社会条件优势的地区；而当国家经济发展到高级阶段时，其产业布局应考虑重点发展那些经济落后的地区，以缩小地区间的经济差距。任何时候产业布局都必须考虑效率和协调问题。

可持续发展原则。人类生存和发展所依赖环境的承载能力有限，自然资源也有限，其中许多资源都不可再生。在进行产业布局时必须注意节约资源和保护环境，防止对资源的过度开发和对环境的过度破坏。要注意对资源的充分利用，以及发展相关的环保产业。

政治和国防安全原则。上面都是从经济角度出发来考虑产业布局原则。如果从国家大局角度出发，首先要考虑的是政治和国防安全原则。在产业布局中，政治和国防安全原则是高于经济原则的最高原则。

**2. 产业布局的5个影响因素**

自然因素。影响产业布局的区位自然因素主要包括自然条件、自然资源禀赋等先天因素。自然条件和自然资源是生产的前提条件，也是产业布局的重要依据。

社会经济因素。影响产业布局的社会经济因素主要包括经济位势、人力资源禀赋、基础设施条件、市场因子及生态因素、政治军事因素等。

体制因素。资源禀赋只是区域产业集聚发展的基本条件，但是，各种资源怎样结合在一起并转化为现实生活中的经济增长，以及资源配置效率的高低，都取决于区域的资源配置能力。资源配置能力主要由经济体制、政府的经济管理能力、企业的组织水平和产业结构等因素构成。

科技因素。科技是影响人们利用和改造自然能力的要素，是产业布局形成与改变的推动力。在一定时期内，地区技术资源禀赋的差异影响地区的产业布局。

路径依赖。路径依赖类似于物理学中的“惯性”。一个地区一旦选择了某个产业，无论以后它所具有的区位优势是否发生改变，发展其他产业是否更有效率，都很难从最初的选择中摆脱出来。产业布局战略性调整的目的，就是要打破已经无效率的路径依赖，营造新的集聚因子，以便进行制度创新，创造新的有效率的路径依赖，从而形成新的产业发展格局。

### 7.3.2 北京市新兴产业布局状况

新兴产业是指随着新的科研成果、新兴技术的发明和应用而出现的新部门和行业，主要指电子、信息、生物、新材料、新能源等随着新技术的发展而产生和发展起来的一系列产业部门。战略性新兴产业以重大技术突破和重大发展需求为基础，对经济社会全局和长远发展具有重大引领作用，是知识技术密集、物质资源消耗少、成长潜力大、综合效益好的产业。

国家发展改革委、科技部、财政部、工信部四部委于 2010 年联合制定下发了《关于加快发展战略性新兴产业的决定》，确定了新能源、新材料、节能环保、生物产业、高端装备制造业、新信息产业、新能源汽车等 7 个产业为中国的战略性新兴产业。

按照国家和北京市政府的工作部署，北京市发展改革委同相关委办局已经编制了北京市贯彻落实国务院关于加快和发展战略性新兴产业决定的实施意见，选定了新一代信息技术、生物、节能环保、新材料、新能源汽车、新能源、航空航天、高端装备制造共 8 个领域作为北京市培育和发展的重点领域，之后北京市新兴产业迅猛发展，形成了以中关村科技园区为主导、高新技术企业为主题、电子信息产业为支柱、科技创新为动力的发展格局。北京市战略性新兴产业的支柱地位不断加强，对产业结构升级的推动作用显著。按照规划，到2020年，战略性新兴产业将成为北京国民经济和社会发展的重要推动力量，增加值占全市地区生产总值的比重达到30%左右，创新能力大幅提升，掌握一批达到世界领先水平的关键核心技术，培育一批国际知名品牌和具有较强国际竞争力的跨国企业，形成一批拥有技术主导权的产业集群。

北京战略性新兴产业的核心企业主要分布在中关村等各个产业园区内，在国家确定的7个战略性新兴产业领域内，中关村作为策源地之一，发挥着示范引领的作用。北京市的开发区简称为“3+16+X”，意思是3个国家级开发区（中关村科技园区、北京经济技术开发区、北京天竺出口加工区），16个市级开发区，X（若干）个产业基地。

在各开发区和产业园内，新兴产业的分布状况见表7-3。北京战略性新兴产业以新一代信息技术、生物、高端装备制造为主，同时注重发展新能源、新材料产业。战略性新兴产业主要分布在顺义、昌平、大兴、通州、石景山和海淀等区域，临近各大主要交通干线。

北京市战略性新兴产业在向中关村科技园区高度集聚的同时，也以各子园区、基地为依托，形成“大集中、小聚集”的发展格局。例如，海淀园以电子信息、高端装备制造、新材料和生物医药产业为主导；丰台园以电子信息、生物医药、先进制造、新材料、新能源为核心；昌平园在新材料、新能源、重大装备制造及信息服务等领域具有较大发展优势；亦庄园形成了电子信息、生物医药、汽车制造、装备制造等四大主导产业；电子城科技园重点推动电子信息、生物医药等产业发展；而大兴产业基地则以生物医药为主。同时，从战略性新兴产业的重点发展领域来看，不同园区各有特色。例如，北京节能环保产业大多集中在中关村海淀园、昌平园和八达岭新能源产业基地等区域，其中海淀园以综合节能、大气污染控制等行业为主，昌平园以电力和电器节能等行业为主，八达岭新能源产业基地主要以风能所用行业为主。

北京市南部高技术制造业和战略性新兴产业聚集区也形成了以北京经济技术开发区为龙头，带动生物医药、新媒体、新能源汽车、军民结合、生产性服务业、新空港六大产业园共同发展的“一区六园”的产业发展格局，聚集了大批高端产业和总部基地。新区分3个梯次重点发展十大产业，形成“四三三”产业格局，即巩固提高电子信息、汽车制造、生物医药、装备制造四大主导产业；支持培育新能源及新材料、航空航天、文化创意三大新兴产业；配套发展生产性服务业、科技创新服务业、都市产业三大支撑产业。打造电子信息、数字电视、汽车制造3个千亿级产业集群，建成生物医药、航空航天、新能源和新材料、新一代信息技术、LED、文化创意6个百亿级新兴产业集群，成为全市“做强二产”的主战场和高端产业功能区。

**表 7–3　北京市新兴产业在主要开发区的分布状况**

| | 新一代信息技术 | 生物 | 节能环保 | 新材料 | 新能源 | 新能源汽车 | 航空航天 | 高端装备制造 |
|---|---|---|---|---|---|---|---|---|
| 石龙经济开发区 | | | | | | | | √ |
| 延庆经济开发区 | | √ | | | √ | | | |
| 中关村科技园区电子城 | √ | | | | | | | |
| 中关村科技园区丰台园 | √ | √ | | √ | √ | | | √ |
| 国家新媒体产业基地 | √（新媒体） | | | | | | | |
| 北京汽车生产基地 | √ | | | | | √ | √ | √ |
| 北京兴谷经济开发区 | | | | | | | | √ |
| 通州经济开发区西区 | √ | √ | | | | | | √ |
| 永乐经济开发区 | √ | | | | | | | √ |
| 林河经济开发区 | | | | | | | | √ |
| 密云经济开发区 | √ | | √ | | √ | | | |
| 中关村科技园区金桥科技产业基地 | | | | | √ | | | |
| 八达岭经济开发区 | √ | √ | | | √ | | | |
| 北京房山工业园区 | | | | √ | | | | √ |
| 北京马坊工业园区 | √ | | | | | | | √ |
| 北京采育经济开发区 | | | | √ | | | | |
| 北京天竺出口加工区 | | | | | | | | |
| 北京天竺空港经济开发区 | √ | | | | | | √ | |

续表

| | 新一代信息技术 | 生物 | 节能环保 | 新材料 | 新能源 | 新能源汽车 | 航空航天 | 高端装备制造 |
|---|---|---|---|---|---|---|---|---|
| 北京昌平小汤山工业园区 | | | | √ | | | | √ |
| 北京雁栖经济开发区 | √ | √ | | √ | √ | | | |
| 中关村科技园区昌平园 | √ | | | | | | | |
| 北京聚富苑民族产业发展基地 | √ | | | | | | | √ |
| 中关村科技园区 | √ | √ | √ | √ | √ | | | √ |
| 中关村客家园区石景山园 | √ | √ | √ | √ | | | | |
| 中关村科技园区大兴生物医药基地 | | √ | | | | | | |
| 北京良乡经济开发区 | | √ | | | | | | √ |
| 中关村科技园区亦庄园 | | | | √ | | | | √ |
| 北京北方印刷产业基地 | | √ | | √ | | | | √ |

资料来源：北京市开发区协会。

### 7.3.3　北京市新兴产业布局影响因素

自然因素。以永乐经济开发区为例，它位于北京市东南部、通州区永乐店镇域内，地处京、津、冀三省市交会中心，是北京东部发展带及环渤海经济圈战略中心地带，是北京东南各省市进京的门户。紧邻京津塘公路、京津城际铁路，距离天津机场及首都国际机场较近，通过天津新港进行货运也极为方便。明显的地域优势吸引了机械、包装、制药等领域的企业入驻。

社会经济因素。高端装备制造能力是考量国家科技水平高低的关键指标，更是中国打造世界工业强国的战略重点所在。中国高端装备制造能力整体上仍落后于美、德等发达国家，一些关键装备仍依赖进口。为推动中国高端装备制造业的发展，国家及很多省市都出台了一系列扶持政策，中国高端装备制造业面临着前所未有的发展机遇，中高端数控机床、航空、重型机械等成为未来发展的重点行业。

科技因素。以北京材料产业为例，北京地区从事新材料研究开发的主要科研机构有 60 多家，集中了全国材料领域 30%～40%的科研开发力量。中关村科技园距离各大科研基地、高技术实验室、工程研究中心等地方具有地理优势，诸多新材料产业选择布局在中关村科技园周边。

路径依赖。以新一代信息技术产业为例，中关村科技园区有大量电子信息企业，电子信息业主要经济指标占行业总量的比重达到 1/2 左右。园区吸引众多电子信息企业入驻的主要原因是已形成电子信息产业基地，产业聚焦效应极为明显。

### 7.3.4 小结

北京市的战略性新兴产业开发利用早、技术力量强，多个开发区、科技园及基地的构建对新兴产业的发展具有明显的推动作用，但是，目前北京市战略新兴产业的布局仍需优化。

首先，要充分发挥宏观调控作用，引导产业聚集发展。北京市相关部门应成立专门管理机构，与国家层面的整体产业布局、结构调整政策相协调，积极调整土地利用规划，确保城镇建设用地和产业发展用地。各科技园、基地、开发区要加强本区域内的规划工作，有重点地发展产业园，整合科技园，引导新兴产业集聚发展，形成规模效应。

其次，要依据区位优势，建立特色科技园。根据科技园区的区位优势不同，有针对性地引导新兴产业构建特色科技园区，发展特色经济，明确各科技园区的定位，优化产业结构和产业布局，打造具有明显优势和特色的产业联盟。通过若干特色优势科技园区、基地的建设，进一步优化近郊城区的新兴产业布局，将新兴产业做大做强。

最后，要重点培养高精尖人才，关注关键核心技术。人才是发展新兴产业的必要条件。要加大对人才的引进，重视对人才的培养。通过政策引导，提高企业对科技人才的重视程度，加强自主创新能力。在布局新兴产业的同时，重点扶持各类研发机构，吸引更多新兴产业企业入驻，构建具有关键核心技术的高科技园区。

### 本章参考文献

1. 北京市科学技术委员会. 北京市“十二五”时期科技北京发

展建设规划 [EB/OL]. (2013-02-20) [2019-02-11]. http://www.bjkw.gov.cn/n8785584/n8905305/.

2. 陈江生. 外贸控制力增大的是是非非 [J]. 中国高新技术产业导报，2003 (2).

3. 都晓岩，王丽华. 我国高新技术产品出口存在的问题及对策分析 [J]. 国际贸易问题，2004 (8).

4. 范柏乃，毛晓苔，王双. 中国出口贸易对经济增长贡献率的实证研究：1952—2003 年 [J]. 国际贸易问题，2005 (8).

5. 龚杨. 经济学视野中的产业空间布局理论 [J]. 学习月刊，2010 (11).

6. 任泽平，张立群. 当前我国经济社会发展的新阶段与新特征 [J]. 发展研究，2012 (2).

7. 陶建杰. 城市软实力评价指标体系的构建与运用——基于中国大陆 50 个城市的实证研究 [J]. 中州学刊，2010 (3).

8. 王分棉，丁岚. 北京市高新技术产品出口竞争力动态分析 [J]. 中国科技论坛，2007 (5).

9. 许春永，卜雨洲，李大鹏. 北京战略性新兴产业发展现状及趋势分析 [J]. 新材料产业，2012 (6).

10. 杨洋. 北京市知识产权发展状况分析 [D]. 北京：北京第二外国语学院，2014.

11. 于平. 我国制造业发展存在的问题与对策 [J]. 经济纵横，2003 (9).

12. 赵鹏. 中国纺织品和服装出口贸易透视 [J]. 上海经济研究，1999 (9).

13. 郑兴春. 北京市新兴产业布局状况和发展研究［D］. 北京：北京第二外国语学院，2014.

14. 佚名. 中关村战略性新兴产业发展现状及前景［N］. 科技日报，2010-10-20.

15. 朱亚利. 北京市主要出口行业近十年来发展状况及原因分析［D］. 北京：北京第二外国语学院，2014.

# 结束语

最基础的西方经济学理论常被分为宏观经济学和微观经济学两大姊妹篇。宏观经济学着眼于对国民经济活动的整体分析，以总量分析为特征，以收入和就业分析为中心，对社会总产量、总收入、价格总水平和总就业量等进行分析，有四大政策目标——充分就业、物价稳定、经济增长和国际收支平衡。微观经济学的研究对象是个体经济单位，例如单个厂商和单个消费者等，主要着眼于个体经济单位如何在市场条件下做出决策及做出什么决策，以理性人和完全信息为条件，讨论四大基本生产要素——土地、资本、劳动力和企业家才能的市场配置问题。

在宏微观经济学之外，学者们常赋予经济学的分支之一——产业经济学以“中观经济学”的称呼，以此来凸显产业经济学对宏微观经济学的贯通作用。产业经济学研究的内容，一方面包括各个具体产业内部的关系，另一方面包括各个具体产业之间的关系。产业经济学的一个重要组成部分，即产业组织理论是其在微观经济学层面的应用；另一个重要组成部分，即产业结构（包括投入产出分析、产业布局等）理论又可以看成是其在宏观经济学层面的应用。因此，产业经济学常常被视为介于宏观经济学和微观经济学之间的中观经济理论。

之所以要在本书结束之际提到这些内容，是因为城市经济学的独特性。城市经济学是研究城市范围内各种经济现象的学科，其中沿着城市内部各种区位选择问题展开的分析侧重于微观经济学理论，沿着城市整体繁荣和萧条展开的分析侧重于宏观经济学理论，同时，对这两条路径的研究常常交织在一起。因此，城市经济学也具有“中观”特性，可以看成是一个理论集合体。

贸易之所以在城市经济中占有重要地位，原因之一是贸易问题代表了城市经济的外向程度，国际贸易可以衡量城市的国际开放程度和经济发达程度。一个经济内向发展的城市显然谈不上经济发达或者有光明前途，甚至有可能很快就会消亡。贸易对城市的意义远不止本书提到的部分。作为理论综合体的城市经济学也涉及本书未提及的城市财政学等问题，例如贸易带来的税收收入显然是城市政府的重要收入来源。城市研究在理论上体现出的混杂性和贯通性，正是城市研究中具有挑战性的部分之一，并以别具一格的方式吸引了众多学者的注意力。

本书站在历史发展的角度，从公元前4000—公元前2000年兴起于美索不达米亚文明的城市开始，将人类经济社会分成前工业社会、工业社会和后工业社会，从多个角度探究了商业贸易发展与城市竞争的关系，不失为对现有贸易和城市两者间关系研究的补充。

# 后　记

最早接触城市问题的研究，是在 2005 年撰写博士论文时。我的博士论文题目是《中国多重工业化水平测度及相关问题研究》，这样的选题显然绕不开城市化问题。因此，博士论文的第三章是“中国多重工业化水平与城市化”。这部分研究成果后来以“中国城市化的度量与发展取向——一个基于 DEA 的城市化研究”为题全文发表在 2007 年第 6 期的《城市问题》上。第二次研究城市问题的机会来自 2009 年参与北京市属高等学校人才强教深化计划——“中青年骨干人才培养计划”的项目“低碳经济下中国国际贸易发展问题及相关政策研究”，我作为主持人将自己的兴趣点——国际贸易和城市发展问题作为一部分加入其中，当时撰写的研究报告就是本书部分内容最早的出处。第三次研究城市问题，是作为主持人通过投标获得了北京市哲学社会科学基地新农村建设基地的招标课题——“环境政策背景下首都现代农业经济发展”，这部分研究成果后来以《环境政策背景下的都市农业发展——以北京市为例》发表在 2012 年第 8 期的《城市问题》上。第四次研究城市问题，是 2013 年作为主持人申请了北京市教育委员会社科计划面上项目，题目是“北京建设世界城市背景下知识产权战略与国际贸易竞争之路新探”，这个项目最后以研究报告的方式结项。

就这样，林林总总，在十几年时间里我对城市主题的研究始终热情不减，对城市竞争和国际贸易之间的关联问题也始终割舍不下。2009—2010年，我在美国密西根州立大学做访问学者期间，第一次有机会深度研究和体验国外城市的兴衰问题。彼时，美国刚刚发生了次贷危机，美国“锈带”地区的像底特律这样原本发达的汽车工业城市衰退到城市生命周期的最低谷。我跟随密西根州立大学城市规划系的研究生们一起拜访了那些繁华褪去的城镇，目睹了数个足球场大的停车场上孤零零只有我们的面包车的萧条景象，并发现在这样极端的情况下美国地方政府也和中国地方政府一样，祭出了税收减免及财政补贴等手段来吸引投资，希冀城市不再继续被人们抛弃，能够通过经济复苏来减缓城市人口流失压力，甚至使城市人口开始增加。2018年我前往加拿大萨斯喀彻温大学做访问学者，与加拿大学者们交流了蒙特利尔的兴衰，以及蒙特利尔、渥太华、多伦多之间的城市和产业竞争等问题。

然而，想撰写这本城市与国际贸易专著的计划，却在这10年中不断被耽搁。越是前往各处调研城市的竞争和贸易问题，越是发现千城千面；越是阅读文献，越是觉得体系庞杂难以下笔；越是思考，越是体会到好书体现出的思想性无法用数学公式和统计数据去表达。于是，在这10年里，由于各种原因，写写停停，停停写写，多次修改提纲，努力将自己对城市和贸易问题的思考体现在字里行间。虽然交“作业”时自己还不够满意，但相信对该主题感兴趣的朋友们能够从中至少受到一些启发。如此，也就知足了。

本书文责自负，欢迎读者们在获得启发的同时来信批评指正。

倪晓宁

2019年正月初十

于北京和平西苑